AF618962

Schriften des Münchner Centrums
für Governance-Forschung

herausgegeben von:

Prof. Dr. Hans-Bernd Brosius
Prof. Dr. Edgar Grande
Prof. Dr. Andreas Haufler
Prof. Dr. Carsten Reinemann
Prof. Dr. Bernhard Zangl

Band 3

Wolfgang Hoffmann-Riem

Die Governance-Perspektive in der rechtswissenschaftlichen Innovationsforschung

Die Deutsche Nationalbibliothek verzeichnet diese Publikation in der Deutschen Nationalbibliografie; detaillierte bibliografische Daten sind im Internet über http://dnb.d-nb.de abrufbar.

ISBN 978-3-8329-6342-2

1. Auflage 2011

Einleitung

Professor Dr. Peter M. Huber

Für die Rechtswissenschaft ist die Governance-Forschung, anders als in der Politik- und in den Wirtschaftswissenschaften, ein eher junger Ansatz, der um seine Anerkennung noch ringen muss. Bislang quälen sich die Rechtswissenschaft im Allgemeinen und das Öffentliche Recht, insbesondere das Verwaltungsrecht im Besonderen, nach wie vor mit der Frage, ob ihr klassischer, dogmatisch-hermeneutischer Ansatz um einen steuerungswissenschaftlichen ergänzt werden kann bzw. muss, ob es neben der Begrenzungs- eine Bereitstellungs- und Steuerungsfunktion des Rechts gibt und wie man ihr methodisch Rechnung trägt. Diese Debatte, die unter dem Titel „Verwaltungsrechtswissenschaft als Steuerungswissenschaft" geführt wird, ist heute Stand der Wissenschaft. Governance-Forschung ist dagegen eine Domäne von „Exoten". Die Dinge hängen freilich zusammen.

Es war *Wolfgang Hoffmann-Riem*, der hier – zwar nicht allein, aber doch an vorderster Front – seit nunmehr 20 Jahren die entscheidende Pionierarbeit geleistet hat. Ohne dieses andauernde Engagement hätte *Andreas Voßkuhle* nicht die „Neue Verwaltungsrechtswissenschaft"ausrufen können,[1] auch wenn nach wie vor umstritten ist, ob es wirklich eine dermaßen „Neue Verwaltungsrechtswissenschaft" gibt und was ihr Inhalt ist.[2] Drei Meilensteine lassen sich insoweit nennen: die sog. Reformbände, die er zusammen mit *Eberhard Schmidt-Aßmann* seit Mitte der 1990er Jahre zur Reform des Allgemeinen Verwaltungsrechts (1993), zu Innovation und Flexibilität des Verwaltungshandelns (1994), zum Verhältnis von Öffentlichem Recht und Privatrecht (1996), zur Effizienz im Verwaltungsrecht (1998) oder zum Verwaltungsrecht in der Informationsgesellschaft (2000) herausgegeben hat, um nur eine Auswahl zu nennen, das von beiden zusammen mit *Andreas Voßkuhle* herausgegebene programmatische Werk über die Grundlagen des Verwaltungsrechts, das gewissermaßen in drei Bänden die „Summe" aus den Reformüberlegungen der vorangegangen Jahre ziehen soll,[3] und zum dritten die Freiburger Staatsrechtslehrertagung von 2007, die sich – insoweit wesentlich inspiriert durch *Hoffmann-Riem* – u. a. mit dem Verwaltungsrecht „zwischen klassischem dogma-

1 *A. Voßkuhle*, Neue Verwaltungsrechtswissenschaft, in: Hoffmann-Riem/Schmidt-Aßmann/Voßkuhle (Hrsg.), Grundlagen, in: Hoffmann-Riem/Schmidt-Aßmann/Voßkuhle (Hrsg.), Grundlagen des Verwaltungsrechts, Band I, § 1.

2 Skeptisch *W. Kahl*, Über einige Pfade und Tendenzen in Verwaltungsrecht und Verwaltungsrechtswissenschaft – ein Zwischenbericht, Die Verwaltung 42 (2009), S. 463, 464 *R. Wahl*, Herausforderungen und Antworten: das Öffentliche Recht der letzten fünf Jahrzehnte, 2006, S. 87 f.

3 *W. Hoffmann-Riem / E. Schmidt-Aßmann/A. Voßkuhle* (Hrsg.), Grundlagen des Verwaltungsrechts, Band I, 2006; Band II, 2008; Band III, 2009.

tischem Verständnis und steuerungswissenschaftlichem Anspruch" beschäftigt hat.[4]

Vor diesem Hintergrund verwundert es nicht, dass *Wolfgang Hoffmann-Riem* wiederum einer der ersten war, der die aus der Politikwissenschaft kommende Vorstellung aufgegriffen hat, dass es im Zeitalter von Privatisierung, Gewährleistungsverantwortung und immer hybrideren Verwaltungsstrukturen nicht mehr genügt, Wirklichkeit und Recht unter einem mechanistischen Blick zu betrachten und nach der (staatlichen) Steuerung von Verwaltung und Gesellschaft zu fragen, sondern dass es dafür einer genaueren Analyse der „Regelungsstrukturen" bedarf.[5] Hier kommt es auf das Zusammenwirken unterschiedlicher Akteure an, auf die ökonomischen, politischen, religiösen und sozialen Rationalitäten, die ihr Handeln beeinflussen, und natürlich auch auf den Staat und sein Recht.

Mit seinem Plädoyer für eine korrekte, die Erkenntnismöglichkeiten der Nachbardisziplinen ausschöpfende Erhebung des „Realbefundes" legt er den Finger in die größte Wunde der Rechtswissenschaft: dem Mangel an einem differenzierten Instrumentarium zur richtigen und vollständigen Erhebung des „Realbefundes". Denn wegen dieses Mangels verfehlen ihre Therapiemöglichkeiten mitunter die Wirklichkeit.

Freilich ist die richtige und vollständige Erhebung des Realbefundes noch keine Rechtswissenschaft. Erst wenn dieser feststeht, kann der Jurist daran gehen, Wichtiges von Unwichtigem zu unterscheiden und den binären Code des Rechts – rechtmäßig/rechtswidrig – an einen Sachverhalt anzulegen. Der Import des Governance-Ansatzes wird die juristische Methode daher nicht überflüssig machen, ihr ihren auf Rechtsstaats- und Demokratieprinzip gründenden normativen Rang nicht streitig machen (können). Aber ohne die richtige Erfassung von Regelungsstrukturen und ihre problemadäquate Bewältigung wird das Recht den mit ihm verbundenen Anspruch auf Gültigkeit und Gefolgschaft nicht einlösen können.

4 *I. Appel / M. Eifert*, Das Verwaltungsrecht zwischen klassischem dogmatischem Verständnis und steuerungswissenschaftlichem Anspruch, VVDStRL 67 (2008), 226 ff.; 286 ff.

5 *W. Hoffmann-Riem*, Die Eigenständigkeit der Verwaltung, in: Grundlagen des Verwaltungsrechts, Band I, § 10 Rdnr. 5.

Inhaltsverzeichnis

Die Governance-Perspektive in der rechtswissenschaftlichen Innovationsforschung*

Wolfgang Hoffmann-Riem

Die Gründung des Münchener Centrums für Governance-Forschung als Einrichtung multi- und transdisziplinärer Diskurse und des disziplinenübergreifenden Lernens zeigt, dass es einen Bedarf an Zusammenschau von sozialen Erscheinungen durch mehrere gibt, die früher – jedenfalls zu manchen Zeiten – noch Gegenstand der Forschung eines Einzelnen waren. Nicht nur solche Institute, sondern seit langem auch Lehr- und Handbücher vereinen heute meist mehrere Forscher – mit einem Gewinn an Perspektivenreichtum, manchmal aber auch mit dem Verlust an Ganzheitlichkeit der Betrachtung, häufig auch an Konsistenz.

Die übliche Arbeitsteiligkeit vernachlässigt bei allen Vorteilen der Spezialisierung für Teilaspekte, dass das Ganze fast immer mehr als die Summe seiner Teile ist. Dieses Ganze aber zu erfassen, ist häufig so komplex, dass dem Ergebnis dennoch Defizite anzusehen sind. Gleichwohl dürfte der Versuch einer ganzheitlichen Betrachtung vielfach bessere Einsichten ermöglichen, als es der Verzicht auf die Amalgamierung der Teile zulässt. Ein disziplinenübergreifendes Institut, das die Komplexität der zu untersuchenden Erscheinungen zum Ausgangspunkt wählt und deshalb das Zusammenwirken der Vertreter unterschiedlicher Disziplinen fördert, ist unter heutigen Bedingungen die beste Voraussetzung dafür, dass trotz aller disziplinären Teilbetrachtungen der Blick auf das Ganze nicht aufgegeben wird.

* Leicht überarbeitete und um wenige Nachweise ergänzte Vortragsfassung.

1. Lorenz von Stein als Governance-Forscher?

Lassen Sie mich mit einem Rückblick auf das 19. Jahrhundert beginnen, konkret und exemplarisch mit einem Blick auf die damals in Hochblüte stehende, aber auch schon im Verwelken begriffene „gesamte Staatswissenschaft",[1] und zwar unter Bezugnahme auf nur einen ihrer Protagonisten, Lorenz von Stein. Dessen Gedanken sind allerdings nur begrenzt in Deutschland, stärker aber in Österreich und in Japan auch praktisch folgenreich geworden. Bis 1986 erinnerte an diese Wissenschaft noch der Titel der „Zeitschrift für die gesamte Staatswissenschaft", bis er – dem ökonomiezentrierten Zeitgeist folgend – durch den Titel „Journal of Institutional and Theoretical Economics" (kurz: JITE) abgelöst wurde.

Lorenz von Stein als schreibfreudigstem Vertreter dieser nun abgedankten „gesamten Staatswissenschaft" ging es um die soziale Gestaltung einer Ordnung, die angesichts der technologischen, wirtschaftlichen und politischen Umbrüche in der zweiten Hälfte des 19. Jahrhunderts und der offensichtlichen Interessengegensätze in der Gesellschaft in den Fugen zu bröckeln drohte; das Mauerwerk schien in der Folge vom Einsturz bedroht.[2]

Im Hinblick auf die seinerzeitige historisch gegebene Situation hat Lorenz von Stein noch relativ unbefangen vom Klassenkampf gesprochen und verdeutlicht, dass Klassenunterschiede soziale Ungleichheit und soziale Unfreiheit bewirken. Er wünschte als Ziel eine Ordnung, die auf die „Entwicklung der Persönlichkeit in Wirtschaft und Gesellschaft" zielte. Diese Ordnung konnte – so von Stein – nicht auf eine unpraktisch gewordene Philosophie aufbauen, sondern bedurfte der Grundlegung in dem, das er die „Wirklichkeitswissenschaft" nannte. Er wollte den Schritt von der „reinen Wissenschaft zur Wirklichkeit, vom abstrakten Prinzip zum Träger seines concreten Lebens"[3] gehen.

Falsch wäre es, den Begriff Wirklichkeit im Sinne moderner Empirie zu übersetzen, denn es handelte sich um eine philosophisch und ethisch fundierte – eine auf dieser Grundlage gezielt interpretierte – Wirklichkeit, zu der auch die „Wirklichkeit des positiven Rechts" gehörte, die uns umgäbe.[4] Von Stein fügte aber hinzu: „An die Wahrheit dessen, was an sich richtig sein mag, legt das Leben der wirklichen Welt seinen Maßstab."[5] In heutigen Worten: Den Schritt vom abstrakten Theoretisieren zum „Leben" geht derjenige, der sich auf soziale, ökonomische,

1 Zu ihr vgl. die Hinweise bei G. F. *Schuppert*, Staatswissenschaft, 2003, S. 31 ff.
2 *L. von Stein*, Gegenwart und Zukunft der Rechts- und Staatswissenschaft Deutschlands, 1876.
3 *L. von Stein*, Staatswissenschaft (Fn 2), S. 297.
4 *L. von Stein*, Staatswissenschaft (Fn 2), S. 298.
5 *L. von Stein*, Staatwissenschaft (Fn 2), S. 298.

rechtliche und politische Erscheinungsformen von Welt in allen ihren Facetten einlässt.

Lorenz von Stein hat dies alles mit einer atemberaubenden Kühnheit formuliert, dabei einen ganzheitlichen Zugriff auf alle ihm zugänglichen Wissenschaften vorgenommen und in das von ihm entworfene Gebäude Rechts- und Staatstheorie, Sozial- und Staatsphilosophie, Verfassungs- und Verwaltungslehre, Nationalökonomie, Finanzwissenschaft, Bildungswesen und schließlich auch Rechtswissenschaft und vieles mehr integriert.[6] Von Stein sorgte sich nicht um den Vorwurf des Dilettierens, überbrückte argumentative Lücken mit glänzender Rhetorik und folgte dem Ziel, eine Klammer für das in unverbundene Einzelteile zerfallene Sonderwissen zu entwerfen.

Er entwarf als letzter großer Repräsentant der „gesamten Staatswissenschaft" das Gegenkonzept zu der mit dem Positivismus einhergehenden Segmentierung und Separierung der Sichtweisen und des Gesehenen. Er wollte unter Rückgriff auf die Philosophie seiner Zeit, insbesondere auf Hegel, den Trend zu einem in unverbundene Einzelteile zerfallenen Sonderwissen in normativer Absicht aufhalten. Stefan Koslowski[7] fasst von Steins normative Konzeption heute so zusammen: „Freiheit gibt es nur in Grenzen und sie bleibt an die Selbstverantwortlichkeit der einzelnen Person gebunden; Gleichheit bleibt als Prinzip das Anrecht eines jeden, aus sich etwas zu machen, d. h. sein Recht auf Verschiedenheit und wirkliche Ungleichheit zu realisieren; Gerechtigkeit besteht demzufolge nicht in einem bestimmten Zustand, sondern in dem ausgeglichenen Verhältnis aller Faktoren, die das Leben des Einzelnen beeinflussen und aus denen das Zusammenspiel von Individuum, Gesellschaft und Staat hervorgeht ... : Die wahre Philosophie der Tat, das heißt die Staatswissenschaft, holt die abstrakte Freiheit von der idealistischen Spekulation herunter und macht ihre Gestaltung zur konkreten Staatsaufgabe. Rechtsschutz, Wirtschaftspolitik, soziale Verwaltung und Erziehungswissenschaft übernehmen von der Rechts- und Sozialphilosophie die Aufgabe, die Freiheit zu schützen und zu einem guten Leben beizutragen."

An einer solchen Interpretation wird deutlich, dass von Steins Streben auf etwas zielt, das wir heute eine „offene Gesellschaft" nennen. Dabei nahm er lieber Spekulationen in Kauf als darauf zu verzichten, die Dinge so komplex wahrzunehmen, wie sie ihm schienen, und sich der Hilfe all dessen zu bedienen, was die unterschiedlichen Wissenschaften ihm an Analysewerkzeug boten. Vor allem wollte er Wirklichkeit so erfassen, dass die interdependenten Faktoren in den Blick geraten, die Wirklichkeit konstituieren. Auch interessierten ihn Mechanismen der Koordi-

6 Vgl. insbesondere *L. von Stein*, Handbuch der Verwaltungslehre, 3 Theile, 1887/1888.

7 *S. Koslowski*, Zur Philosophie von Wirtschaft und Recht. Lorenz von Stein im Spannungsfeld zwischen Idealismus, Historismus und Positivismus, 2005, S. 422.

nation unterschiedlicher Akteure,[8] in heutiger Terminologie: das Kooperationsverwaltungsrecht.[9] Natürlich war von Stein kein Governance-Forscher. Aber er hätte vermutlich seine Freude an den Versuchen der Governance-Forschung[10] zu integrativen Ansätzen und zur Bekämpfung reduktionistischer Vorgehensweisen und zur Erfassung der Modi zur Koordination des Wirkens von staatlichen und nichtstaatlichen Akteuren gehabt.

8 Vgl. statt vieler *L. von Stein*, Handbuch der Verwaltungslehre, Bd. I, 1888, S. 61 ff.

9 Zu ihm vgl. statt vieler *H. Schulze-Fielitz*, Grundmodi der Aufgabenwahrnehmung, in: W. Hoffmann-Riem/E. Schmidt-Aßmann/ A. Voßkuhle (Hrsg.), Grundlagen des Verwaltungsrechts, Bd. I, 2006, S. 761, 790 ff.

10 Aus der reichhaltigen Literatur vgl. dazu die Beiträge in *A. Benz/S. Lütz/U. Schimank/G. Simonis* (Hrsg.), Handbuch Governance. Theoretische Grundlagen und empirische Anwendungsfelder, 2007; *G. F. Schuppert/M. Zürn* (Hrsg.), Governance in einer sich wandelnden Welt, Sonderheft 41/2008 der Politischen Vierteljahresschrift; *S. Botzem/J. Hofmann/ S. Quack/G. F. Schuppert/H. Straßheim* (Hrsg.), Governance als Prozess. Koordinationsformen im Wandel, 2009.

2. Integrative Ansätze in der Gegenwart

Außenseiter sind auch heute noch diejenigen, die Rechtswissenschaft trans- und interdisziplinär öffnen wollen (und diese weiter als Rechtswissenschaft deklarieren) und dabei nicht vor integrativen bzw. ganzheitlichen Vorgehensweisen zurückschrecken. Ein Beispiel für die Ablehnung durch die Mehrheit der Profession ist der Ende des vorigen Jahrhunderts an politischen Widerständen gescheiterte Versuch einer Reform der Juristenausbildung und der Rechtswissenschaft. Es sollten die Rechts- und Wirklichkeitswissenschaften –insbesondere die Sozial- und Wirtschaftswissenschaften – inter- oder doch transdisziplinär verknüpft und Theorie und Praxis verstärkt aufeinander bezogen werden.[11] Vielfach auf Ablehnung[12] – aber immerhin auch auf zunehmende Unterstützung – stoßen heute selbst bescheidenere Ansätze, wie der, die Rechtswissenschaft nicht nur als normtextorientierte Interpretationswissenschaft zu verstehen, sondern umfassender als eine kontextbezogene, problemlösungsorientierte, auch Elemente der Rechtserzeugung umfassende Handlungswissenschaft.[13] Dabei ist das gemeinte Handeln die Arbeit an einem gesellschaftlichen Problem im Rahmen des Rechts durch einen spezifischen, dafür rechtlich legitimierten Aufgabenträger. Zielt die juristische Arbeit auf Problemlösung, insbesondere auf das Hinwirken auf die Erreichung von normativ erwünschten unter Vermeidung normativ unerwünschter Wirkungen, ist es nicht weit zu der aktuell viel diskutierten, zum Teil aber vehement abgelehnten[14] steuerungswissenschaftlichen Sicht auf Rechtswissenschaft, die sich – und dies hat stellvertreterhaft besonderen Anstoß erregt – auch als Neue Verwaltungsrechtswissenschaft bezeichnet hat.[15]

Soweit Handlungsträger und Steuerungssubjekt die Verwaltung ist, ist sie – in Steins Terminologie – die „Verwaltung als der arbeitende Staat".[16] Von Stein un-

11 Überblicksartig etwa *A. Rinken*, Einführung in das juristische Studium, 3. Aufl. 1996, S. 282 ff.; *N. Lührig*, Die Diskussion über die Reform der Juristenausbildung 1945-1995, 1997.

12 Vgl. dazu den Bericht und die Zitate von *W. Kahl*, Über einige Pfade und Tendenzen in Verwaltungsrecht und Verwaltungsrechtswissenschaft – ein Zwischenbericht, Die Verwaltung 42 (2009), S. 463, 464 mit Fn 10. Der Beitrag enthält aber auch Hinweise auf Literaturstimmen, die den Ansatz unterstützen.

13 Dazu vgl. *Voßkuhle*, Neue Verwaltungsrechtswissenschaft, in: Hoffmann-Riem/Schmidt-Aßmann/Voßkuhle (Hrsg.), Grundlagen (Fn 9), S. 1, 18 mit Rn 105.

14 Hier sei etwa auf *O. Lepsius*, Steuerungsdiskussion, Systemtheorie und Parlamentarismuskritik, 1999 verwiesen, der allerdings das Steuerungskonzept in der Diskussion um die Reform des Verwaltungsrechts in vielerlei Hinsicht missversteht.

15 Zur Begriffsverwendung s. Voßkuhle, Verwaltungsrechtswissenschaft (Fn 13), S. 4 mit Fn 16.

16 *L. von Stein*, Verwaltungslehre, Bd. I (Fn 8), S. 22 ff.

terscheidet die Staatsverwaltung von der Selbstverwaltung. Zu dieser zählt er die kommunale Selbstverwaltung und die Zünfte und Innungen, aber auch das Vereinswesen („die Gesellschaft und die Vereine") und thematisiert dabei zugleich die Verbindungen zur Staatsverwaltung.[17] Von daher ist es nicht weit zu einer die gegenwärtigen Kooperationsverhältnisse zwischen staatlichen und nichtstaatlichen Handlungsträgern analysierenden und diese ausgestaltenden Vorgehensweise.[18] Dies führt etwa zum Befund eines Kooperationsverwaltungsrechts, das darauf reagiert, dass Gemeinwohl heute vom Staat meist nur im Zusammenhang mit anderen – privaten oder hybrid privat-staatlichen – Trägern gewährleistet werden kann. Dies zeigt sich auch an der Ablösung der bisherigen Erfüllungsverantwortung des Staates durch Formen der (bloßen) Gewährleistungs- und Auffangverantwortung.[19] Es mündet darin, dass die Erscheinungsform moderner Staatlichkeit aktuell wohl am ehesten mit den Begriffen des Gewährleistungsstaats und der Gewährleistungsverwaltung aufgefangen werden kann:[20] Gemeint ist ein Staat, der dort, wo er die Erfüllung bisher von Hoheitsträgern wahrgenommenen Aufgaben auf nichtstaatliche, insbesondere private Akteure überträgt, gleichwohl durch Rahmensetzung, Strukturvorgaben und inhaltliche Orientierungen sowie Verfahrenssicherungen gewährleistet (gewährleisten soll), dass die öffentlichen Aufgaben real erfüllt oder doch die Gemeinwohlziele nicht vereitelt werden. Nicht die öffentlichen Aufgaben werden weniger oder notwendig andere, geändert haben sich aber die Umstände der Aufgabenerfüllung und damit auch die Wege zur Wahrnehmung der Aufgaben.

17 Dazu *L. von Stein*, Verwaltungslehre, Bd. I, (Fn 8), S. 61 ff.

18 Dazu vgl. *A. Voßkuhle*, „Schlüsselbegriffe", Verwaltungsarchiv Bd. 93 (2002), S. 184, 203 f.

19 Zu entsprechenden Verantwortungskonzepten vgl. *Schulze-Fielitz*, Grundmodi (Fn 9), S. 833 ff.

20 Zu diesen Begriffen und ihren Verständnissen vgl. *M. Eifert*, Grundversorgung mit Telekommunikationsleistungen im Gewährleistungsstaat, 1998, S. 18 ff., 193 ff.; *A. Voßkuhle*, Beteiligung Privater an der Wahrnehmung öffentlicher Aufgaben und staatlicher Verantwortung, in: VVDStRL, Bd. 62 (2003), S. 266; *W. Hoffmann-Riem*, Gesetz und Gesetzesvorbehalt im Umbruch, in: AöR Bd. 130 (2005), S. 5, 9 f.

3. Zur Wichtigkeit der Governance-Perspektive

Werden das dem Gewährleistungsstaat typische Handlungsumfeld und das ihm verfügbare Instrumentarium besehen, so darf es für die Rechtswissenschaft nicht mehr reichen, nach einzelnen Normen, nach schon verfügbaren Handlungsformen und nach dem zuständigen Handlungsträger Ausschau zu halten. Das ist weiter wichtig, aber die Suche führt häufig in ein erheblich komplexeres Feld, das heute vielfach mit dem Begriff der Regelungsstrukturen[21] umschrieben wird: Der Begriff verweist auf einen mehr oder minder vielfältigen Bestand der für eine Problemlösung maßgebenden materiellen und formellen rechtsnormativen Programme, der spezifischen Wissensbestände und präskriptiven Orientierungen der handelnden Organisationen und ihrer Mitglieder sowie begleitender negativer oder positiver Anreize, jeweils unter Einbeziehung der kommunikativen Vernetzung mit anderen hoheitlichen oder privaten Akteuren.

Der Staat erfüllt seine Funktionen heute eingebunden in ein komplexes Feld von Arbeits- und Verantwortungsteiligkeit, das zunehmend auch den nationalen Bereich verlässt und sich trans- und international öffnet. Soll die Arbeit an der Lösung von Problemen in solchen Kontexten analytisch erfasst und sollen darauf aufbauend gegebenenfalls Handlungsempfehlungen abgeleitet werden, reichen die Ansätze und Methoden der normtextorientierten Rechtswissenschaft in der Tat nicht; das Vorgehen muss sich ganzheitlich öffnen – unbeschadet dessen, in welcher Wissenschaftskategorie die Suche nach bestimmten Einsichten und Lösungen am besten gelingt, etwa in der Sozial-, Wirtschafts- oder Politikwissenschaft, der Verwaltungswissenschaft oder gar einer neu konzipierten Staatswissenschaft.

Würde Lorenz von Stein heute nach Verbündeten für seinen eher ganzheitlichen Zugriff suchen, würde er vermutlich bei dem Ansatz landen, der in dem Münchener Centrum für „Governance, Communication, Public Policy and Law" Identifikationswert hat, dem aber die meisten Juristen immer noch mit Irritation, wenn nicht gar Ablehnung[22] gegenüberstehen: dem der Governance-Forschung.[23] Dabei nehme ich allerdings nur auf den Strang der Governance-Forschung Bezug, der sich analytisch-empirisch um die Erfassung des Modus und der Qualität modernen Re-

21 Zu diesem Begriff vgl. *H. H. Trute*, Die Verwaltung und das Verwaltungsrecht zwischen gesellschaftlicher Selbstregulierung und staatlicher Steuerung, in: Deutsches Verwaltungsblatt 1996, S. 950 ff.; *W. Hoffmann-Riem*, Eigenständigkeit der Verwaltung, in: Hoffmann-Riem/Schmidt-Aßmann/Voßkuhle (Hrsg.), Grundlagen (Fn 9), S. 623, 627 f.

22 Vgl. etwa *L. Engi*, Governance – Umrisse und Problematik eines staatstheoretischen Leitbildes, in: Der Staat 2008 (47), S. 573, 581 ff.

23 Vgl. dazu die Nachweise oben Fn 10.

gierens in einem weiten, das Verwaltungshandeln umfassenden Sinne und um die Erarbeitung problemangemessener Governance-Strukturen bemüht. Nicht etwa meine ich den normativ aufgeladenen, vielfach missbrauchten Begriff der „*good governance*".[24]

Der von mir bevorzugte empirisch-analytische Zugriff schließt es selbstverständlich nicht aus, auch normative Fragen zu stellen, etwa nach der rechtlichen Legitimation der maßgebenden Strukturen oder der Zuschreibung von Verantwortlichkeit für Prozesse und Ergebnisse, nach dem inhaltlichen Bezug zu Zielen wie Gleichheit und Freiheit u. ä. Es muss aber betont werden, dass die Governance-Perspektive in der von mir bevorzugten Sichtweise zu analytischen Zwecken eingenommen wird, ohne dass ihr ein bestimmtes Konzept normativ vorgegebener Governance-Strukturen zugrunde liegt oder angestrebt wird. Die normative Frage ist zwar wichtig und darf nicht ausgeblendet werden; eine bestimmte normative Zielsetzung ist aber nicht schon durch die Einnahme einer Governance-Perspektive als solcher präformiert. Der analytische Zugriff soll es gerade ermöglichen, die Tauglichkeit von bestimmten Governance-Strukturen für je spezifische Aufgaben und normative Vorgaben zu erfassen und gegebenenfalls Anregungen für Verbesserungen zu erarbeiten.

Die aktuelle Governance-Forschung muss sich auf die gegenwärtigen Erscheinungsformen von *Government* einlassen. Sie zielt insbesondere auf die Erfassung der Rahmenbedingungen, der Handlungs- und Verkehrsformen sowie der vielfältigen Abhängigkeiten des Regierens i. w. S. Kennzeichnend sind derzeit unterschiedliche Handlungsebenen (lokale, regionale, nationale, europäische, globale), eine große Vielfalt und Ausdifferenzierung von Akteuren, die Pluralität und Heterogenität betroffener Interessen, eine häufig große Komplexität der zu bewältigenden Probleme sowie ein grundsätzlich weites Instrumentenarsenal. Verflechtungen und Interdependenzen kommen in den Blick. Regieren erfolgt häufig unter Einbeziehung gesellschaftlicher Handlungsträger als Akteure und nicht nur als betroffene Objekte. Die Governance-bezogene Perspektive erlaubt insbesondere Neuvermessungen der Arbeits-, Funktionen- und Verantwortungsteilung zwischen staatlichen, staatlich-privaten (hybriden) und privaten Akteuren und der damit verbundenen Kooperationsverhältnisse. Sie ermuntert ferner dazu, den bei Juristen üblichen Weg zur Reduktion von Komplexität – die Kleinarbeit von komplexen Problemen zu juristisch handhabbaren Teilproblemen – nicht als einzig möglichen zu verstehen und eine Art ganzheitlicher Betrachtung einer Problemlage und der Lösungswege vorzunehmen.

24 Dazu vgl. statt vieler *H. H. Hill*, Good Governance – Konzepte und Kontexte, in: G. F. Schuppert (Hrsg.), Governance-Forschung, 2. Aufl. 2005, S. 220 ff.

Entgegen einer vor allem von Gunnar Folke Schuppert[25] vertretenen Ansicht besteht m. E. kein Gegensatz zwischen einer steuerungswissenschaftlichen Perspektive in der Rechtswissenschaft und der Sichtweise der Governance-Forschung. Beide nehmen allerdings zum Teil unterschiedliche Akzentsetzungen vor. Der Steuerungsansatz ist ergebnisorientiert auf die Bewirkungsebene ausgerichtet – wozu dient und wie wirkt Recht? – und er betont die Wichtigkeit der Folgen rechtlicher Regelungen der Rechtsanwendung. Demgegenüber konzentriert sich die Governance-Perspektive in ihrem analytischen Strang auf den Modus und die Qualität der Bewältigung von Problemen beim Regieren im weiten Sinne, dabei selbstverständlich auch im Hinblick auf die für die steuerungswissenschaftliche Sichtweise wichtige Bewirkungsebene (wie funktioniert die Problembewältigung?).

Bevor ich auf den steuerungswissenschaftlichen Ansatz näher eingehe, möchte ich – um eine bestimmte Kritikrichtung von vornherein auszuschließen – festhalten: Der in der neueren rechtswissenschaftlichen Diskussion verfolgte steuerungswissenschaftliche Ansatz versucht nicht, bestimmte sozialwissenschaftliche Steuerungstheorien zu rezipieren und eine bestimmte normativ als verbindlich auszugeben. Er verweist allerdings auf die Wichtigkeit der Bewirkungsebene rechtlich geprägten Problemlösungsverhaltens: Steuerung im hier gemeinten Sinne ist das Hinwirken auf die Bewirkung bestimmter Wirkungen.[26] Rechtliche Steuerung nutzt das Mittel des Rechts, um Verhalten von Personen und darüber auch von Organisationen zu beeinflussen, wobei dem Recht die Annahme unterlegt ist, dass durch das rechtskonforme Verhalten, insbesondere das die durch Recht gesetzten Schranken nicht überschreitende und die rechtlich vorgegebenen Anreize aufgreifende Verhalten, normativ erwünschte Wirkungen erzielt werden. Nicht etwa geht es um den Anspruch – dessen Realisierung etwa Luhmann nicht für möglich hält –, Steuerung der Gesellschaft oder gesellschaftlicher Subsysteme insgesamt durch Recht bewirken zu können.

Rechtswissenschaft ist eine handlungsorientierte Wissenschaft, die notwendig den Akteursbezug betont. Normen, verstanden als Handlungsnormen[27] für die Bürger und die Verwaltung (und nicht nur als Kontrollnormen für Gerichte oder Aufsichtsinstanzen), enthalten Erwartungen an die und Aufträge zur Problemlösung. Sie sollen eine rechtlich strukturierte und möglichst gemeinwohlverträgliche

25 *G. F. Schuppert*, Verwaltungsrecht und Verwaltungsrechtswissenschaft im Wandel. Von Planung über Steuerung zu Governance?, in: Archiv des Öffentlichen Rechts 133 (2008), S. 79 ff.

26 *W. Hoffmann-Riem*, Risiko- und Innovationsrecht im Verbund, in: Die Verwaltung 38 (2005), S. 145, 153.

27 Zu der Differenz zwischen Handlungs- und Kontrollnormen vgl. statt vieler *C. Franzius*, Modalitäten und Wirkungsfaktoren der Steuerung durch Recht, in: Hoffmann-Riem/Schmidt-Aßmann/Voßkuhle (Hrsg.), Grundlagen (Fn 9), S. 177, 178 f.

Problemlösung bewirken. Wie dies konkret erfolgt, ist mit dieser Sichtweise nicht *per se* vorgegeben.

Insbesondere ist diese Sichtweise nicht auf ein Gegenüber von einem bestimmten Steuerungssubjekt und einem Steuerungsobjekt angewiesen;[28] wichtig für Steuerungserfolge sind auch die Strukturen (insbesondere Institutionen), in denen gehandelt wird, die ihrerseits Orientierungen und Grenzen für die Bewirkung normativ erwünschter Wirkungen schaffen. Insbesondere verschließt diese Sichtweise nicht den rechtlich geprägten Zugriff auf sämtliche Faktoren, die auf den Steuerungserfolg einwirken, also neben der geschriebenen oder ungeschriebenen, staatlich oder nicht-staatlich gesetzten Norm etwa die Art der eingesetzten (formellen und informellen) Organisation und deren Organisationskulturen; die Gestaltung der Interaktion, insbesondere des Verfahrens; das zuständige Personal und dessen Schatz an Erfahrungs- und Wertewissen, ja die bei ihm verfügbaren „Sinnmuster". Die steuerungswissenschaftlich orientierte Rechtswissenschaft will verdeutlichen und zugleich produktiv nutzen, dass Normanwendung in entsprechende Kontexte eingebunden, der Erfolg also kontextabhängig ist. Aber gerade darum ist es wichtig, auch solche nicht in Normtexten abgebildeten Steuerungsfaktoren – wie die verfügbaren Ressourcen (Personal, Finanzen, Zeit, Wissen), wie Organisation und Verfahren – rechtlich zu legitimieren, das heißt zu sichern, dass ihr Einsatz den dafür maßgebenden rechtlichen Orientierungen gerecht wird, also auch durch den Input – Recht und Verfahren – und nicht nur durch den Output-orientierten Erfolg legitimiert wird. Dies führt – in sozialwissenschaftlicher Terminologie – zu einer institutionenbezogenen Sichtweise.

Um analytisch zu erfassen, welche Faktoren in den jeweiligen Regelungsstrukturen maßgebend werden, ist der Governance-Ansatz m. E. hilfreich: Er öffnet den Blick auf die Gemengelage maßgebender Entscheidungsfaktoren, auf ihre Interdependenzen, gegebenenfalls Vernetzungen, auf dynamische Rückkoppelungen, auf funktionale Äquivalente, auf Widersprüchlichkeiten und Dysfunktionalitäten. Da von dem Governance-Ansatz – wie es auch für Rechtswissenschaft unaufgebbar ist – ebenfalls die Wirkungsebene[29] in den Blick genommen wird, muss auch die (nachgelagerte) Ebene der Implementation (Einsatz von Befolgungsanreizen, Überwachung, Sanktionen) und möglicher Revision bedeutsam werden, ebenso wie deren Rückkoppelungen und Verzahnungen mit vorgelagerten Handlungsebenen.

28 Die daran von *R. Mayntz*, Governance Theory als fortentwickelte Steuerungstheorie?, in: Schuppert (Hrsg.), Governance-Forschung (Fn 24), S. 11 ff. geäußerte Kritik kann jedenfalls in rechtswissenschaftlichen Kontexten keine Beachtung finden, da rechtliche Regelung regelhaft an dieses Gegenüber anknüpft.

29 Zu ihr vgl. etwa *W. Hoffmann-Riem*, Rechtsformen, Handlungsformen, Bewirkungsformen, in: W. Hoffmann-Riem/E. Schmidt-Aßmann/A. Voßkuhle (Hrsg.), Grundlagen des Verwaltungsrechts, Bd. II, 2008, S. 885 ff.

4. Wandel von Staatlichkeit

Die Karriere des Governance-Begriffs ist Begleiterscheinung eines gesamtgesellschaftlichen Trends, zu dem auch der Wandel von Staatlichkeit[30] gehört. Governance-Forschung ist Teil des Bemühens, mit analytischen Kategorien zu arbeiten, die diese Änderungen im wissenschaftlichen Diskurs angemessen aufgreifen können. Der betroffene Wandel von Staatlichkeit reagiert auf gesellschaftliche Veränderungen im nichtstaatlichen Bereich,

- etwa auf den technischen und ökonomischen Fortschritt, der die Überlagerung der Industriegesellschaft durch die Informationsgesellschaft stimuliert hat;
- auf das Problem des Wissens, vor allem aber des Nicht-Wissens; dabei fordert das Wissen um immer neue Ebenen des Nicht-Wissens ständige Bemühungen um Wissensgenerierung, obwohl ebenfalls erfahrbar ist, dass neues Wissen häufig das Bewusstsein von „Nicht-Wissen" eher steigert;
- auf die territorialen, politischen und kulturellen Entgrenzungen und Vernetzungen, etwa im Zusammenhang mit Globalisierung und Europäisierung von Wirtschaft, Politik und Gesellschaft, die mit den Politiken der Privatisierung und Liberalisierung und damit auch mit der Re-Regulierung verbunden sind, auch solche der Reorganisation von Binnenstrukturen der Hoheitsträger und ihrer Kontaktwelten zu anderen Handlungsträgern;
- auf neue Akteure und veränderte Akteurskonstellationen, darunter auch die vermehrte Einschaltung privater, staatlicher und hybrider (staatlich-privater) Akteure, und zwar auf nationaler wie trans- und internationaler Bühne;
- auf den Bedeutungsverlust von Hierarchien und auf neue Formen und Institutionen der Handlungskoordination, die gegebenenfalls aber im „Schatten der Hierarchie" erfolgen;
- auf veränderte Anforderungen an die Legitimation normativer Vorgaben und deren praktischer Umsetzung.

Neue Anforderungen fordern eine Neubewertung öffentlicher Aufgaben und der Formen und Inhalte der Leistungserbringung, darunter auch eine Neujustierung der Balance von öffentlicher und privater Macht. Zu den Änderungen gehört auch die Mutation vieler Bereiche fortwirkender Staatlichkeit in Richtung eines „präventiven Risikovermeidungsstaats", in dem staatliches Handeln von der früher im Zen-

30 Dazu statt vieler *M. Zürn*, Regieren jenseits des Nationalstaats, 1998; *C. Möllers*, Staat als Argument, 2000; *S. Leibfried/M. Zürn* (Hrsg.), Transformationen des Staates?, 2006; *G. F. Schuppert*, Staat als Prozess. Eine staatstheoretische Skizze in sieben Aufzügen, 2010.

trum der Aufmerksamkeit stehenden Reaktion auf Vergangenheit zur Reaktion auf Zukunft, aber schon in der Gegenwart, umgepolt wird. Die beobachtbaren Änderungen von Staatlichkeit werden von vielen – etwa den Theoretikern den reflexiven Moderne wie Ulrich Beck oder Edgar Grande – als epochaler Bruch politischer Herrschaftsordnungen verstanden.[31] Selbst wer den epochalen Charakter leugnet oder sich dieses Befundes nicht sicher ist, muss aber die hier skizzierten Änderungen von Staatlichkeit und staatlicher Aufgabenerfüllung zur Kenntnis nehmen. Der betreffende Wandel ist ja kein bloßes Produkt irgendeines konkreten gestalterischen Willens von einflussreichen Akteuren, der auch durch einen anderen ersetzt werden könnte, sondern er ist das Produkt der Veränderung der gesellschaftlichen Verhältnisse, die auch, aber nur zum Teil von staatlichen Handlungsträgern mit beeinflusst werden. Ein in vielem ungeheurer Anpassungsdruck erfasst private wie staatliche Akteure; der transnationale und globale Wettbewerb verstärkt ihn; Knappheitsverhältnisse machen ihn unvermeidbar. Selbst wer einem konservativen Weltbild anhängt, wird von den Verhältnissen „abgehängt", wenn er den Änderungsdruck negiert, also nicht reagiert und gegebenenfalls sogar proaktiv tätig wird.

31 Dazu vgl. etwa *U. Beck/C. Lau*, Entgrenzung und Entscheidung. Was ist neu an der Theorie reflexiver Modernisierung?, 2004; *E. Grande*, Perspektiven der Governance-Forschung: Grundzüge des Forschungsprogramms des Münchner Zentrums für Governance-Forschung, in: E. Grande/S. May (Hrsg.), Perspektiven der Governance-Forschung, 2009, S. 77 ff.

5. Wissen und Nichtwissen

Für moderne Staaten und Gesellschaften stellt sich das Problem von Wissen und Nichtwissen in besonderer Schärfe. Ulrich Beck[32] meint sogar, die Rede von der „Wissensgesellschaft" sei ein Euphemismus, weil wir es in der Weltrisikogesellschaft mit einer Nichtwissensgesellschaft zu tun hätten. Dies hat auch Folgen für das Aufgabenfeld von Wissenschaft. Wurde Wissenschaft früher meist als Handeln bezeichnet, das auf die Erweiterung abgesicherten Wissens zielt,[33] muss sie sich heute verstärkt darauf richten, Bereiche des Nichtwissens zu erkennen und zu analysieren, wie Gesellschaft damit umgeht.[34]

Wird Wissen als ein Bestand von Erkenntnissen gedeutet, der in dem jeweiligen sozialen Kontext seiner Generierung und Verwendung aufgrund der dort angewandten Deutungsmuster und Verwendungserfahrungen als bekannt und hinreichend bewährt vorausgesetzt wird oder werden darf,[35] dann ist dies zwar weit gefasst, bedeutet aber auch eine Verengung: In den Blick gerät das kommunizierbare Wissen, also Deutungsmuster und Verwendungserfahrungen, die in Worten und Zahlen oder mithilfe von wissenschaftlichen Formeln oder auch nur in hinreichend transportfähigen alltagssprachlichen Formulierungen kommunizierbar sind. Dies ist das sogenannte explizite Wissen. Demgegenüber ist das implizite Wissen[36] nicht als allgemein verfügbares kommunizierbar. Es handelt sich vielmehr um ein Handlungswissen, das eine Person aufgrund ihrer Erfahrung, ihrer Geschichte, ihrer Praxis oder ihres Lernens hat, das also aus persönlichen Erfahrungen, Einsichten, Ahnungen und Intuitionen gespeist wird. Auch kann es in spezifische Organisationskulturen eingewebt sein. Es ist zwar grundsätzlich an Dritte kommunizierbar,

32 *U. Beck*, Weltrisikogesellschaft, 2007, S. 211.

33 Prototypisch etwa *R. Merton*, The Sociology of Science. Theoretical and Empirical Investigations, 1979, S. 267, 270.

34 Zu Wissen und zur Wissensforschung vgl. statt vieler *K. Mannheim*, Wissenssoziologie, 1964; *H. Nowotny/P. Scott/M. Gibbons*, Re-thinking Science: Knowledge and the Public in an Age of Uncertainty, 2001; *R. Völker/S. Sauer/M. Simon*, Wissensmanagement im Innovationsprozess, 2007; *G. F. Schuppert/A. Voßkuhle* (Hrsg.), Governance von und durch Wissen, 2009.

35 Diese Definition kombiniert eine substanzialistische Betrachtungsweise mit dem Verweis auf die Notwendigkeit von Deutungen. Zur Wissensdefinition vgl. *W. Hoffmann-Riem*, Wissen, Recht und Innovation, in: Die Verwaltung, Beiheft 9, 2010, S. 159, 160 f.

36 Dieses wird auch *tacit knowledge* genannt, vgl. dazu *M. Polanyi*, The Tacit Dimension, 1966; deutsch: Implizites Wissen, 1985. S. statt vieler auch *A. Scherzberg*, Zum Umgang mit implizitem Wissen, in: Schuppert/Voßkuhle (Hrsg.), Wissen (Fn 34), S. 240 ff.; *W. Hoffmann-Riem*, Wissen (Fn 35), S. 171 ff.

wird aber häufig nicht offen-, sondern von den Akteuren als für sie selbstverständlich zugrundegelegt.

Von diesen Formen des Wissens ist das Nicht-Wissen zu unterscheiden. Weiß man, dass und was man (noch) nicht weiß – hier spricht man vom spezifischen Nicht-Wissen –, dann kann gezielter Wissenserwerb betrieben werden, also der Bereich des Nicht-Wissens abgebaut werden, allerdings unter dem schon erwähnten Risiko, dass durch mehr und bessere Wissenschaft weiteres Nicht-Wissen erkennbar wird. Es gibt allerdings auch einen Bereich eines kategorisch (noch oder dauerhaft) unverfügbaren Wissens, von dem nicht gesagt werden kann, was (noch) nicht gewusst wird. Es entzieht sich jeder Vorstellung möglicher Kausalität und der Selbstbeobachtung oder Rekonstruktion und kann dementsprechend auch durch sorgfältige Erforschungsbemühungen nicht (oder noch nicht) erworben werden. Dementsprechend kann die Gesellschaft sich auf diese Art des Nicht-Wissens nicht konkret einstellen. Dennoch wird von den Akteuren, insbesondere auch dem Staat, erwartet, dass er ungeachtet von Nichtwissen etwa über Risiken dennoch – wie erwähnt – „auf Zukunft“ reagiert.

6. Innovationsbedarf und Innovationsforschung

Für die sich immer wieder beschleunigende Suche nach neuen Erkenntnissen und neuen Antworten auf alte oder neue Probleme steht in modernen Gesellschaften das Stichwort Innovation. Als Innovationen[37] gelten signifikante, nachhaltige Neuerungen, die zur Bewältigung eines bekannten oder eines neuen Problems beitragen. Ausdruck des „Neuen“ kann eine bloße Akzentverlagerung sein oder eine zuvor noch nicht gefundene Antwort auf neue Infragestellungen des Bisherigen oder auf grundlegende neue Herausforderungen.

Innovationen können die Erzeugung und Verbreitung neuer Produkte betreffen, die Entwicklung von Verfahren oder die Schaffung von Strukturen, aber auch die Herausbildung neuer sozialer Verhaltensweisen.[38] Sie können etwas radikal Neues bringen – wie etwa die Nanotechnologie – oder instrumentell zur Bewältigung bekannter Probleme in bekannten Bahnen, aber mit neuen instrumentellen Ansätzen beitragen – wie etwa Emissionszertifikate als handelbare Rechte in Ablösung traditioneller Kontrollgenehmigungen – oder als Anwendungsinnovation die Implementation vorhandener Ansätze erleichtern – wie etwa Telemonitoring als Weg verstanden wird, mit gewissen Herausforderungen im Gesundheitswesen effektiv und effizient umzugehen.

Die Signifikanz einer Neuerung kann sich an dem Ausmaß der Änderung gegenüber Bisherigem zeigen – etwa das Internet im Vergleich zum Telefonsystem. Sie kann auch daran erkennbar sein, dass grundlegende Institute verändert werden, oder daran, dass eine bestimmte Änderung verallgemeinerbar und in andere Bereiche transferierbar ist – etwa die Open-source-Software-Idee als Vorbild für Open Science.[39] Nachhaltig kann die Änderung sein, weil sie trans- und internationale Dimensionen entfaltet – wie der Emissionshandel als Mittel zur Eindämmung der weltweiten CO^2-Ausstöße – oder weil sie gar einen grundlegenden Paradigmenwechsel einleitet – wie es etwa die Quantenmechanik getan hat.

Vor allem die Ökonomen haben den Innovationsbegriff zunächst für sich reklamiert und ökonomiezentriert definiert: Die wirtschaftswissenschaftliche Inno-

37 Zu den verschiedenen Begriffsverwendungen von Innovationen vgl. statt vieler *J. Hauschildt/S. Salomo*, Innovationsmanagement, 4. Aufl. 2007, S. 3 ff.; vgl. ferner die Beiträge in *J. Fagerberg/D. C. Mowery/R. R. Nelson* (Hrsg.), The Oxford Handbook of Innovation, 2006.

38 Zur Innovationsforschung vgl. die Nachweise in Fn 40, 46 ff.

39 Aus der reichhaltigen Literatur zu Open Innovation und Open Science vgl. statt vieler *H. W. Chesbrough/W. Vanhaverbeke/J. West* (Hrsg.), Open Innovation. Researching a New Paradigm, 2006.; *O. Drossou/S. Krempl/A. Poltermann* (Hrsg.), Die wunderbare Wissensvermehrung. Wie Open Innovation unsere Welt revolutioniert, 2006.

vationsforschung[40] konzentriert sich auf die Entwicklung und Einführung neuer Produkte und Verfahren, die mit dem Ziel wirtschaftlicher Verwertung am Markt oder der Sicherung von Wettbewerbsvorteilen erfolgen. Besonders wichtig dafür sind technologische Innovationen,[41] deren Art und Zahl seit der Moderne massiv zugenommen haben, ohne dass ein Ende der Entwicklung abzusehen ist. Es ist jedoch verkürzt, das Innovationsthema auf sie zu begrenzen. In den Blick zu nehmen sind auch soziale und institutionelle Innovationen. Den Begriff der sozialen Innovationen hat Wolfgang Zapf[42] näher konkretisiert. Darunter versteht er ohne Bezug auf einen bestimmten Gegenstandsbereich neue Wege, Ziele zu erreichen, insbesondere neue Organisationsformen, neue Regulierungen oder neue Lebensstile, soweit diese Probleme besser lösen als frühere Praktiken und deshalb Anlass bieten, nachgeahmt und institutionalisiert zu werden.[43] Beispiele solcher sozialen Innovationen sind virtuelle Arbeitsverhältnisse, wie Telearbeit oder neue ambulante Pflegeleistungen oder auch neue Dienste im Internet, wie StudiVZ oder Facebook. Häufig sind technologische und soziale Innovationen miteinander verzahnt.[44] So setzen neue Technologien häufig auch veränderte Verhaltensweisen voraus. Beispielsweise fordert Telemonitoring im Gesundheitswesen eine veränderte Einstellung von Patienten und Ärzten zur Gesundheitspflege; ohne begleitende soziale Änderungen sind viele technologische Innovationen zum Scheitern verurteilt. Ein besonders instruktives Beispiel für das Zusammenspiel von technologischen und sozialen Innovationen ist die Entwicklung des Internet selbst, aber erst recht die Herausbildung der verschiedenen über das Internet möglichen Dienste.[45]

Innovationsforschung gibt es auch in anderen Disziplinen,[46] so in der Technikwissenschaft,[47] der Politikwissenschaft,[48] der Soziologie[49] oder der Verwaltungs-

40 Vgl. statt vieler *J. A. Schumpeter*, Theorie der wirtschaftlichen Entwicklung, 6. Aufl. 1964 (zuerst 1912); *R. R. Nelson/S. G. Winter*, An Evolutionary Theory of Economic Change, 1982; *G. Dosi*, The Nature of Innovative Process, in: G. Dosi/C. Freeman/R. R. Nelson/G. Silverberg/L. Soete (Hrsg.), Technical Change and Economic Theory, 1988, S. 221 ff.; *J. Fagerberg/D. C, MoweryR. R./Nelson* (Hrsg.), Handbook (Fn 37).

41 *C. Perez*, Technological Revolutions and Financial Capital: The Dynamics of Bubbles and Golden Ages, 2002.

42 *W. Zapf*, Modernisierung, Wohlfahrtsentwicklung und Transformation. Soziologische Aufsätze 1987-1994, 1994, S. 33.

43 Zu sozialen Innovationen vgl. insbesondere die Beiträge in *J. Aderhold/R. John* (Hrsg.), Innovation. Sozialwissenschaftliche Perspektiven, 2005.

44 Ausführlich dazu *J. Weyer*, Techniksoziologie. Genese, Gestaltung und Steuerung soziotechnischer Systeme, 2008.

45 Vgl. statt vieler *T. Alby*, Web 2.0: Konzepte, Anwendungen, Technologien, 3. Aufl. 2008.

46 Einen guten Überblick über die Literatur mit kompakten Inhaltsangaben findet sich bei *B. Blättel-Mink*, Kompendium der Innovationsforschung, 2006.

47 S. dazu *Weyer*, Techniksoziologie (Fn 44), S. 111 ff., 181 ff.; *A. Grunwald*, Technik für die Gesellschaft von morgen. Möglichkeiten und Grenzen gesellschaftlicher Technikgestaltung, 2000.

wissenschaft.[50] Auch die Rechtswissenschaft hat einen Handschuh in den Ring der Innovationsforscher geworfen.[51] Die rechtswissenschaftliche Innovationsforschung betont, dass Recht eine wichtige Ausgangs- und Rahmenbedingung für Innovationen aller Art ist, ja auch ein Medium der Förderung von Innovationen sein kann. Dass und wie technologische, wirtschaftliche, soziale u. a. Innovationen nicht nur durch Recht behindert, sondern mithilfe des Rechts oder trotz bestehenden Rechts möglich werden können, müsste ein für alle Innovationsforscher maßgebendes Erkenntnisinteresse sein. Aufgabe speziell der rechtswissenschaftlichen Innovationsforschung kann es dabei sein, der Bedeutung des Rechts für außerrechtliche Innovationsprozesse und -ergebnisse nicht auf alltagstheoretisch formulierte Einsichten zu stützen – wie es in der Innovationsforschung anderer Disziplinen meist geschieht –, sondern mit rechtswissenschaftlicher Kompetenz vorzugehen. Dabei wird insbesondere die weithin übliche Vorgehensweise überwunden werden müssen, Recht im Hinblick auf innovationserhebliche Prozesse als eine Art *Black Box* zu behandeln.[52] Dies verpasst die Möglichkeit, die Differenzierungspotenziale des Rechts zu nutzen.

Rechtswissenschaftliche Innovationsforschung kann mithelfen, dass das für Innovationen erhebliche Recht innovationsoffen gestaltet ist, ja Innovationen befördert, es sei denn, mit gutem Grunde ziehe das Recht der Innovationsfreude und bestimmten Innovationsergebnissen Grenzen. Für diese beiden Funktionen des Rechts stehen die Begriffe der Innovationsoffenheit und der Innovationsverant-

48 Dazu vgl. etwa *K. Grimmer/S. Kuhlmann/F. Meyer-Krahmer* (Hrsg.), Innovationspolitik in globalisierten Arenen. Neue Aufgabe für Forschung und Lehre: Forschungs-, Technologie- und Innovationspolitik im Wandel, 1999; *R. Kaiser*, Innovationspolitik. Staatliche Steuerungskapazitäten beim Aufbau wissensbasierter Industrien im internationalen Vergleich, 2008.

49 Dazu *J. Aderhold /R. John* (Hrsg.), Innovation (Fn 43); *Weyer*, Techniksoziologie (Fn 44); *H. Braun-Thürmann*, Innovation, 2005.

50 Vgl. etwa *H. Reinermann*, Die Krise als Chance: Wege innovativer Verwaltungen, 4. Aufl. 1995; *D. Osborne/T. Gaebler*, Der innovative Staat, 1997; *A. Benz*, Innovationsforschung als Gegenstand der Verwaltungswissenschaft, in: W. Hoffmann-Riem/J.-P. Schneider (Hrsg.), Rechtswissenschaftliche Innovationsforschung, 1998, S. 121 ff.

51 Vgl. etwa *M. Schulte* (Hrsg.), Technische Innovation und Recht, 1997; W. Hoffmann-Riem/J.-P. Schneider (Hrsg.), Innovationsforschung (Fn 50); *A. Roßnagel*, Das Neue regeln, bevor es Wirklichkeit geworden ist – rechtliche Regelungen als Voraussetzungen technischer Innovation, in: D. Sauer/C. Lange (Hrsg.), Paradoxien der Innovation, 1999, S. 193 ff.; s. ferner die Beiträge in der Reihe: Schriften zur rechtswissenschaftlichen Innovationsforschung (Baden-Baden) sowie die vier Publikationen aus dem Projekt „Innovationsrecht" von M. Eifert und W. Hoffmann-Riem (2008-2011).

52 Dies geschieht durchgängig in der nicht-rechtswissenschaftlichen Innovationsforschung, auch in der Praxis, etwa bei internationalen Vergleichen von National Innovation Systems (NIS); zu ihnen vgl. etwa *R. R. Nelson* (Hrsg.), National Systems of Innovation. A Comparative Analysis, 1993; *T. Dunkel*, Der Einfluss institutioneller Rahmenbedingungen auf die nationalen Innovationssysteme in Frankreich und Deutschland, Diss. rer. pol. Kassel, 2004.

wortung,[53] gewissermaßen die Fixpunkte oder Leuchttürme für das Auffinden des rechten Weges: Innovationsoffenheit verweist auf die Ermöglichung und gegebenenfalls Stimulierung von Innovationen. Innovationsverantwortung steht für die Sorge um die Gemeinwohlverträglichkeit von Innovationen, insbesondere um den Schutz rechtlich geschützter Interessen, die durch Innovationen gefährdet sein können. Ein altes Beispiel ist die Innovation der Atomkraft, ein neues die der Gentechnik. Bei beiden reicht es nicht, sich um Innovationsoffenheit zu kümmern, wenn nicht auch gesichert wird, dass die Nutzung solcher neuen Technologien gemeinwohlverträglich bleibt, also auch die Risikodimension in Gegenwart und Zukunft beachtet und bearbeitet wird.

Recht, das gemeinwohlverträgliche Innovationen ermöglichen, ja sogar fördern, aber gemeinwohlschädliche verhindern soll, stellt sich nicht von selbst ein und es ist nicht im luftleeren Raum schaffbar. Vielmehr ist auch ein solches Recht in die Governance-Strukturen moderner Gesellschaften, insbesondere der der jeweils betroffenen Staats- und Gesellschaftsordnung, und in ihre trans- und internationale Durchdringung eingewoben. Deshalb ist Governance-Forschung für Innovationsforschung wichtig – wie umgekehrt auch geklärt werden muss, ob und wie Fragen und Einsichten der Innovationsforschung auch in die Governance-Forschung integriert werden können. Dabei muss die rechtswissenschaftliche Innovationsforschung versuchen, zumindest zweierlei zu leisten:

- Einblick in die Governance-Strukturen von Innovationsprozessen zu gewinnen,
- aber auch die Governance-Strukturen von Rechtsanwendung und Rechtserzeugung und der Rechtswirkungen, letztlich auch von Rechtswissenschaft selbst, zu erfassen.

Derartige Einsichten sind wichtig, um das Potenzial von Recht und Rechtswissenschaft für die Lösung von Problemen mit Innovationsbezug nutzen zu können. Soweit es um die Anwendung vorhandenen Rechts geht, können die in ihm vorhandenen Spielräume mit dem Ziel der Balancierung zwischen Innovationsoffenheit und Innovationsverantwortung genutzt werden. Solche Spielräume finden sich bekanntlich nicht nur in ausdrücklichen Ermessensaufträgen und Gestaltungsermächtigungen, sondern auch bei der Interpretation und Anwendung rechtlicher Begriffe.

Darüber hinaus können Einsichten der Innovationsforschung für die Gestaltung von Recht genutzt werden. So kann versucht werden, auf eine Art von Recht hin-

53 Zu diesen Leitbildern vgl. *W. Hoffmann-Riem*, Rechtswissenschaftliche Innovationsforschung als Reaktion auf gesellschaftlichen Innovationsbedarf, in: M. Eifert/W. Hoffmann-Riem (Hrsg.), Innovation und rechtliche Regulierung, 2002, S. 32 ff.; vgl. ferner die Bände *M. Eifert/W. Hoffmann-Riem* (Hrsg.), Innovationsfördernde Regulierung, 2009; *M. Eifert/W. Hoffmann-Riem* (Hrsg.), Innovationsverantwortung, 2009.

zuwirken, das kontextbezogen Innovationen ermöglicht und unterstützt, aber eingrenzend wirkt, soweit rechtlich schützenswerte Interessen der Entwicklung oder Umsetzung von Neuem entgegenstehen. Um dies leisten zu können, kann es erforderlich werden, das Recht selbst zu ändern, etwa den Text der Norm, die rechtsdogmatischen Konstruktionen, die Verfahren rechtlicher Problemlösung, die Zuständigkeiten bestimmter Akteure zu ändern oder die Kooperationsverhältnisse zu Privaten rechtlich neu zu gestalten. Bei solchen Änderungen kann eine neue Innovationsdimension hinzukommen: die der signifikanten Neuerung von Recht selbst, also die Innovation im Recht. Auch sie sowie der praktische Erfolg des so erneuerten Rechts hängen an den maßgebenden Governance-Strukturen.

Das gilt aber auch für Neuerungen in Recht und Rechtswissenschaft, die relativ marginal ansetzen, also nicht die besondere Signifikanz und Nachhaltigkeit aufweisen, für die der Innovationsbegriff steht. Auch kontinuierliche Reaktionen auf sich verändernde Verhältnisse können hilfreich sein, um angemessene Problemlösungen durch Recht zu ermöglichen.

Für Innovationen generell gilt, dass sie nur selten als sogenannte Basisinnovationen stattfinden, sondern eher als mehr oder minder inkrementelle Variationen des Bestehenden.[54] Fast immer gibt es vorangegangenes Wissen, das nutzbar ist und das erlaubt, neue gedankliche Operationen an zugängliche, insbesondere an erinnerte Operationen und Ergebnisse anzuschließen. Was jeweils erinnert und aktualisiert wird, hängt allerdings auch an den jeweiligen Governance-Strukturen. Vergangenheit kann inspirieren, der Rückgriff auf das kommunikative Gedächtnis der Gesellschaft kann Irrwege vermeiden helfen. Für Innovationen im Recht gilt dies ebenso wie für außerrechtliche Innovationen. Angesichts der in der Innovationsforschung vielfach nachgewiesenen Pfadabhängigkeit des Neuen[55] kann es nicht überraschen, dass schon bewährte Pfade häufig weiter beschritten werden. Paradigmenwechsel, etwa der in der Literatur vielfach beschriebene Wechsel techno-ökonomischer Paradigmen,[56] haben das Potenzial, weitere nachhaltige Neuerungen in ihrem „Schlepptau" zu verursachen.

54 Aus der reichhaltigen Literatur hierzu vgl. statt vieler *J. Welsch*, Innovationspolitik. Eine problemorientierte Einführung, 2005, S. 41 ff.

55 Dazu vgl. etwa *G. Dosi*, Technological Paradigms and Technological Trajectories, in: Research Policy 11 (1982), S. 147 ff.; *C. Perez*, Technological Revolutions (Fn 41) sowie knapp: *Welsch*, Innovationspolitik (Fn 54), S. 280.

56 *C. Perez*, Technological Revolutions, Paradigm Shifts and Socio-Institutional Change, in: E. S. Reinert (Hrsg.), Globalization, Economic Development and Inequality: An Alternative Perspective, 2004, S. 217 ff.

7. Innovationsdruck in der Rechtsordnung

Soweit dazu auch Innovationen im Recht gehören, ist zu berücksichtigen, dass diese ihrerseits mit der übrigen Rechtsordnung – ihren Denkweisen, Prämissen, Systemzusammenhängen – so verwoben sind, dass der verfügbare Möglichkeitsraum meist relativ eng ist. Aber es hat immer wieder Innovationen im Recht als signifikante Neuerungen gegeben, in der Rechtsdogmatik, in den Methoden, durch Novellierung geschriebenen Rechts – etwa unter Einführung neuer rechtlicher Handlungsformen und -instrumente. Der Zivilrechtler Hans Dölle[57] hat in den 1950er Jahren unter dem Titel „Juristische Entdeckungen" das Phänomen beschrieben und sich dabei klassischen „Entdeckungen" zugewandt, wie etwa der Laband zugeschriebenen Unterscheidung von der Vollmacht und dem ihr zugrunde liegenden Verhältnis, der culpa in contrahendo, der positiven Vertragsverletzung u. ä. Thomas Hoeren[58] hat dies zum Anlass genommen, um Studenten zu motivieren, Aufsätze über „zivilrechtliche Entdecker" zu schreiben. Sämtlichen Beiträgen ist eigen, dass sie nicht versuchen, diese Fragestellung mit der Innovationsforschung in anderen Disziplinen oder auch nur in der Rechtswissenschaft selbst zu verbinden, und dass sie davon ausgehen, als ginge es gewissermaßen um „bloße" Entdeckungen – gewissermaßen das Auffinden von etwas schon Vorhandenem –, nicht auch um grundlegende neue soziale Konstruktionen der normativen Realität.

Insbesondere im Öffentlichen Recht gibt es viele Innovationen. Ich nenne für das Verfassungsrecht nur die durch das Lüth-Urteil[59] „erfundene" Konstruktion der Dritt- und Ausstrahlungswirkung der Grundrechte – die zur Konstitutionalisierung der Rechtsordnung allgemein[60] beigetragen hat und beispielsweise zur Entwicklung der Schutzpflichtenfunktion von Grundrechten geführt hat.[61] Diese Grundrechtsbezogenheit allen Rechts hat sowohl die Idee der Innovationsoffenheit als auch die Sicherung von Innovationsverantwortung stimuliert. Eine ähnlich grundlegende Neuerung im Rechtssystem insgesamt hat die Erfindung und Umsetzung der besonderen Kategorie supranationalen Rechts gebracht, die für den Bereich der Europäischen Gemeinschaften eine Überwölbung und Durchdringung

57 *H. Dölle*, Juristische Entdeckungen. Verhandlungen des 42. Deutschen Juristentages, 1958, B 1 ff.

58 *T. Hoeren* (Hrsg.), Zivilrechtliche Entdecker, 2001.

59 BVerfGE 7, 277 ff.

60 Dabei geht die Wirkungsreichweite weit über die deutsche Rechtsordnung hinaus, vgl. dazu *T. Rensmann*, Wertordnung und Verfassung. Das Grundgesetz im Kontext grenzüberschreitender Konstitutionalisierung, 2007.

61 *K. Stern*, Die Schutzpflichtenfunktion der Grundrechte: Eine juristische Entdeckung, DÖV 2010, S. 241 ff.

nationalen Rechts durch das Europarecht bewirkt hat,[62] das – anders als etwa Völkerrecht – unmittelbar in die nationale Rechtsordnung hineinwirken kann.

Weniger grundsätzlich für die gesamte Rechtsordnung, aber doch zur Einwirkung auf spezifische Problemfelder maßgebend sind innovationsbezogene Veränderungen im Bereich der Risikoverwaltung, etwa in der Umwelt- und Technologieregulierung. Ein Beispiel hierfür sind Emissionszertifikate oder Versteigerungen von staatlichen Lizenzen. Solche Änderungen sind ihrerseits nach Anstößen durch die Europäische Union zustande gekommen. Diese ist – nicht zuletzt aufgrund der besonderen Qualität supranationalen Rechts – ein maßgebender Innovationsmotor für das deutsche Recht. Da supranationales Recht sogar dem deutschen Verfassungsrecht vorgehen kann, hat es eine Dynamik, die auch auf die grundlegenden verfassungsnormativen Vorgaben ändernd einwirken kann.

Aber auch ohne europäischen Einfluss hat es in der deutschen Rechtsordnung immer wieder Neukonstruktionen innovativen Charakters gegeben. Ein Beispiel ist das im Jahre 1983 als Ausfluss der Garantie von Menschenwürde und Persönlichkeitsschutz geschaffene „Grundrecht auf informationelle Selbstbestimmung".[63] Ob die im Jahre 2008 vom Bundesverfassungsgericht formulierte Invention eines „Grundrechts auf Integrität und Vertraulichkeit informationstechnischer Systeme"[64] die Qualität einer nachhaltigen Neuerung, also einer Innovation, haben wird, muss sich noch erweisen. Auch Abwandlungen vorhandener Instrumente können grundlegende Neuerungen bewirken, so etwa im Bereich der open-source-Software-Entwicklung des Internet die Konstruktion der Copyleft-Klausel,[65] die Wegbereiter der open-source-Revolution – auch der open-content-Entwicklung – war. Sie erlaubt es, innovationsfeindlichen Wirkungen des Urheberrechts auszuweichen, aber gleichwohl die Hülse des traditionellen Urheberrechts zu nutzen, um durch dessen vertragliche Modifikation Erfindungen zum Allgemeingut (zur Allmende)[66] – also nicht zum Objekt wirtschaftlicher Aneignung – zu machen, eine Entwicklung, die theoretisch seit langem durch die Nobelpreisträgerin Elinor Ostrom vorbereitet worden ist.

Einerlei, ob die rechtswissenschaftliche Innovationsforschung sich mit Innovationen im Recht befasst oder nur nach Wegen sucht, vorhandenes Recht zu nutzen oder zu modifizieren, um außerrechtliche Innovationen – wie technologische Neuerungen – im Rahmen des Gemeinwohlverträglichen zu ermöglichen: Der Erfolg hängt davon ab, dass die maßgebenden Governance-Strukturen in ihrem Zusam-

62 Vgl. statt vieler *W. Kahl*, Pfade (Fn 12), S. 466 ff.

63 Vgl. BVerfGE 65, 1, 41 ff.

64 BVerfGE 120, 274.

65 Dazu etwa *T. Jaeger/A. Metzger*, Open Source Software. Rechtliche Rahmenbedingungen der freien Software, 2. Aufl. 2006, S. 4.

66 Wegweisende Überlegungen dazu bei *E. Ostrom*, Die Verfassung der Allmende. Jenseits von Staat und Markt, 1999.

menspiel innovationstauglich sind und dass Änderungen im Recht oder beim Einsatz von Recht auf die jeweils maßgeblichen Regelungsstrukturen abgestimmt sind. Von Bedeutung ist daher, welcher Art und welchen Inhalts das Recht ist, wie es anderen Institutionen zugeordnet wird und wie die verschiedenen regionalen, nationalen, übernationalen (europäischen) und völkerrechtlichen Rechtsschichten miteinander verzahnt sind.

8. Rechtmäßigkeit und Richtigkeit

Die Bezugnahme des Rechts auf übergreifende Governance-Strukturen fordert es, auf die präskriptiven Ordnungen Rücksicht zu nehmen, die in dem Handlungsfeld maßgeblich sind. Recht spielt hier als Maßstab der Rechtmäßigkeit eine wichtige Rolle: Rechtmäßigkeit ist eine notwendige, aber keineswegs hinreichende Bedingung einer als sinnvoll definierten Problemlösung. Recht ist nicht nur auf Grenzsetzung beschränkt, sondern kennt beispielsweise zunehmend eine finale Steuerung. Recht gibt normative Orientierungen, kennt Abwägungs- und Ausgleichsaufträge, präformiert Konzepte und Strategien der Problemlösung usw.

Recht wird in einem Umfeld angewandt, in dem weitere präskriptive Orientierungen bedeutsam werden, über deren Verhältnis zum traditionellen Recht und zum Maßstab der Rechtmäßigkeit man streiten kann, deren Erheblichkeit für eine angemessene Problemlösung aber unbestreitbar ist. Ich empfehle daher, von einem weiten Maßstab der Richtigkeit auszugehen, der neben der Rechtmäßigkeit des Entscheidens oder Ergebnisses auch andere Zielwerte aufgreift, die zum Teil im Recht verankert sind, zum Teil darüber hinausgehen.[67] Ich meine etwa die Effektivität und Effizienz, die Qualität der Verarbeitung betroffener Interessen, die Akzeptabilität, die Implementierbarkeit, die Verallgemeinerungsfähigkeit und Zukunftsfähigkeit. Besonders wichtig ist beim Umgang mit unterschiedlichen Interessen das qualitative Ziel der Optimalität, also beispielsweise der häufig gebotene Verzicht darauf, ein Interesse maximal zu befriedigen, das heißt meist auf Kosten eines anderen. Anzustreben sind vielmehr *Win-Win*-Lösungen.

Wird anerkannt, dass es verschiedene Handlungsebenen, -akteure und -maßstäbe gibt, ist die Klärung wichtig, ob es infolge der Komplexität Synergieeffekte, Ausweichmöglichkeiten, unauflösbare Konflikte oder Dysfunktionalitäten gibt und wie diese gegebenenfalls – mit oder ohne Nutzung hoheitlich handelnder Entscheidungsträger – bewältigt werden können.

Rechtswissenschaftliche Innovationsforschung kann sich jedenfalls nicht darauf beschränken, traditionelle Normen oder gar nur die Normen nationalen Rechts zu besehen. Sie muss darüber hinaus auch fragen, welcher Möglichkeitsraum durch „nur" sozial geschaffene, eventuell weltweit verankerte Normen und Strukturen –

67 Zu „Richtigkeitsmaßstäben" vgl. etwa *W. Hoffmann-Riem*, Methoden einer anwendungsorientierten Verwaltungsrechtswissenschaft, in: E. Schmidt-Aßmann/W. Hoffmann-Riem (Hrsg.), Methoden der Verwaltungsrechtswissenschaft, 2004, S. 9, 47 ff.; *R. Pitschas*, Maßstäbe des Verwaltungshandelns, in: Hoffmann-Riem/Schmidt-Aßmann/Voßkuhle, Grundlagen II (s. o. Fn 29), S. 1577 ff.

bis hin zu einem „Weltrecht ohne Staat“ – entstanden ist[68] und wie dieser Möglichkeitsraum durch das traditionelle Recht beeinflusst wird. Zu fragen ist insbesondere auch, wie dieses Recht angesichts neu geschaffener Strukturen verändert werden muss, soll es nicht als Handlungsrahmen und als Handlungsanreiz – kurz, als Steuerungsmittel – praktisch obsolet werden. Es ist ja keineswegs naturgegeben, dass Menschen und Organisationen im Rahmen des Rechts bleiben. Ist das Recht aus ihrer Sicht dysfunktional, wählen sie Vermeidungsstrategien und sind dabei häufig erfinderisch und erfolgreich.

Die freiheitliche Rechtsordnung als grundrechtsgeprägte Ordnung zielt darauf, ein Handeln im Rahmen des Rechts zu ermöglichen und zu stimulieren. Dieser Ordnung ist vor allem ein verhaltensermöglichendes Recht gemäß, sei es als Ermöglichung vertrauten Handelns oder als Wahl neuer Verhaltensformen, sei es als „enabling“, sei es als „activation“. Dafür Optionen bereitzustellen, ist Aufgabe auch des Rechts – sei es, dass es selbst Optionen rechtlicher Gestaltung enthält, sei es, dass es dazu beiträgt, gesellschaftliche Optionen zu finden und zu nutzen, etwa bei der Entwicklung neuer Technologien, neuer Lebensformen, neuer Institutionen usw. Dafür ist zu klären, welcher Regelungstyp zur Bewältigung eines bestimmten Problems im jeweiligen Handlungskontext der jeweils beste ist. Da Recht allerdings unterschiedliche Funktionen zu erfüllen hat, sind Zuordnungen nötig. Eine wichtige Funktion ist die Bereitstellung von Handlungsformen, Gestaltungsoptionen, Anspruchsnormen, Eingriffsermächtigungen, gegebenenfalls aber auch nur von Zielen, Konzepten, Programmen oder auch nur von Optionen, kurz: die Bereitstellungsfunktion. Angesicht der Folgen- und Wirkungsdimension von Recht geht es ferner um die zielgerichtete Einflussnahme auf Verhalten und Ergebnisse (Bewirkungsfunktion). Insbesondere aus rechtsstaatlicher Sicht ist die Rechtsgüter- und Interessenschutzfunktion bedeutsam, für die Schutzrecht als eingrenzendes Recht bereitgestellt wird, aber auch Verfahren zur Interessendurchsetzung unter Einschluss partizipativer Verfahren bereitstehen. Angesichts der Konflikthaftigkeit von Interessen und der Funktion des Rechts bei der Bewältigung von Konflikten enthält die Rechtsordnung verschiedene Möglichkeiten des Umgangs mit solchen Konflikten, sei es durch Beteiligung in Verwaltungsverfahren, durch die Möglichkeit der Aktivierung von interner Kontrolle oder auch der externen Gerichtskontrolle; neuerdings gewinnen auch rechtlich gestaltete Formen der außergerichtlichen Konfliktbewältigung über die klassischen Formen der Schiedsgerichtsbarkeit hinaus Bedeutung, so insbesondere die Mediation (Konfliktbewältigungsfunktion).

68 *G. Teubner*, Globale Bukowina: Zur Emergenz eines transnationalen Rechtspluralismus, in: Rechtshistorisches Journal 15 (1996), S. 255 ff.; *A. Röthel*, Lex mercatoria, lex sportiva, lex technica: – Private Rechtsetzung jenseits des Nationalstaats?, JZ 2007, S. 755 ff.; *G. F. Schuppert*, Governance und Rechtsetzung. Grundfragen einer modernen Regelungswissenschaft, i. E., S. 354 ff.

Solche – sich teilweise überschneidenden – Funktionen sind auch im Kontext innovationserheblichen Rechts von Bedeutung. Für Innovationsprozesse besonders wichtig ist die Bereitstellungsfunktion des Rechts, insbesondere vor dem Hintergrund der Garantie grundrechtlicher Entfaltungsfreiheit. Die Schutzfunktion hat eine besondere Nähe zur Sicherung von Innovationsverantwortung. Soweit Innovationen hilfreich sind, um erwünschte Wirkungen zu erreichen oder unerwünschte zu vermeiden, kommt der Bewirkungsdimension besonderes Gewicht zu. Der Einsatz von Recht im innovationserheblichen Kontext muss allerdings stets berücksichtigen, dass Recht regelmäßig weiteren Zielen als denen der Innovationsermöglichung verpflichtet ist.

9. Beispielsfeld: Anreizsteuerung durch Recht

Besonders wichtig für Innovationsprozesse ist die Anreizsteuerung durch Recht. Dabei lässt sich sowohl über positive als auch über negative Anreize steuern, mögliche Anreiztypen lassen sich auf einer Skala, die mit positiven Anreizen beginnt und zu neutralen sowie negativen übergeht, wie folgt verorten:[69]

- Ziele, Leitbilder und normative Visionen;
- finanzielle Förderung;
- informationelle Förderung (Sicherung von Transparenz, Bereitstellung von Sachverstand, Risikokommunikation);
- Sicherung von Chancen der Marktverwertung (Vorkehrungen für die Funktionsfähigkeit des Marktes; Schaffung von marktfähigen Gütern durch Urheber- und Patentrecht; Erwartungssicherheit durch Standardsetzung; „Umweltzeichen“);
- Begünstigungen im Ordnungs-, Haftungs- und Vergaberecht (Abstufung der Zulassungsanforderungen, z. B. Genehmigungserleichterungen für Innovationen unter angemessener Berücksichtigung des Risikowissens; Beweislasterleichterungen; Bereitstellung von Optionen; Bevorzugung im staatlichen Auftragsverhalten);
- Verknüpfung von Genehmigungsentscheidungen mit Vor- und Begleitpflichten, etwa Pflichten zur Aufzeichnung und Berichterstattung zum Nachweis der Unbedenklichkeit, zur Produktbeobachtung oder zur Risikobegleitforschung sowie zur Kennzeichnung (z. B. für Lebensmittel) und gegebenenfalls zur Revision;
- Verkoppelung mit der Erreichung eigennütziger Wirkungen: So zielen die Umweltverträglichkeitsprüfung (UVP) und das Europäische Gemeinschaftssystem für das Konfliktmanagement und die Umweltbetriebsprüfung (EMAS) auf den Abbau staatlicher Fremdkontrolle und deren Ersetzung oder Ergänzung durch Eigenkontrolle, beim EMAS insbesondere angekoppelt an organisationelle Veränderungen im Sinne eines betriebsbezogenen Umweltmanagements, das zugleich Effizienzsteuerungen ermöglicht;
- Aufbau von Kooperationsbeziehungen und Akteursnetzwerken;
- Bereitstellung von Moderation und Beratung; Unterstützung beim Risiko- und Netzwerkmanagement; Stimulierung von – durchsetzbaren – Selbstver-

69 Die Darstellung folgt *W. Hoffmann-Riem*, Risiko- und Innovationsrecht im Verbund (Fn 26), S. 145, 169 ff.

pflichtungen der Wirtschaft unter Absehen von staatlicher Regulierung bzw. unter Reduktion staatlicher Regulierung auf eine Auffangregulierung;
- Versicherungspflichten (evtl. Haftungshöchstgrenzen);
- Haftungspflichten (auch als Anreize zur Erhöhung und Nutzung des Risikowissens der Versicherer);
- Abgabenrecht (*technology forcing* durch Steuererleichterung; Förderung umweltschonender Energien; Ökosteuer);
- Erleichterung der Schaffung und gegebenenfalls staatliche Ratifikation von Produktstandards oder technischen Normungen; Zertifizierung von Akteuren und Verfahren;
- Ver- und Gebote (Grenzsetzungen; Ergebnisverpflichtungen, evtl. gekoppelt mit handelbaren Rechten, z. B. Emissionszertifikaten);
- Strafen i.w.S.;
- Beseitigung/Relativierung von Bestandsschutz (Widerruf oder Aufhebung von Genehmigungen, Anpassungen u. ä.).

Werden solche Instrumente in der Rechtsordnung vorgesehen, so ist zugleich zu berücksichtigen, dass sie häufig in ein Bündel unterschiedlicher Instrumente eingeschlossen sind. Ihr Erfolg – also auch ihr Beitrag zur Innovationssteuerung – hängt davon ab, wie sie untereinander verbunden sind und miteinander interagieren. Er wird aber auch davon beeinflusst, ob und wie sie in den systemischen und interdependenten Prozess des technologischen und sozialen Wandels integriert sind und welcher Art die wechselseitigen Rückkoppelungen sind. Das Zusammenspiel unterschiedlicher Faktoren wird in der Innovationsforschung behandelt, etwa im Rahmen der Untersuchungen und des Vergleichs von sogenannten nationalen Innovationssystemen (NIS).[70] Hier wird berücksichtigt, dass innovationserhebliche Faktoren auf die wirtschaftlichen, sozio-kulturellen, organisatorischen u. ä. Kontextbedingungen und Systemeigenschaften bezogen sind. Viele der Forschungsergebnisse sind allerdings sehr pauschal. Dies gilt insbesondere für den Umgang mit Recht, das – wie erwähnt – häufig wie eine Art Black Box behandelt und vor allem als Innovationshindernis verstanden wird, ohne näher zu fragen, ob es das Recht als solches ist, das Innovationen entgegensteht, oder aber der jeweilige Inhalt der konkreten Regelung, der allerdings politisch gewollt (gegebenenfalls auch in Kompromissen verwässert) ist, dem das Recht nur seine Form gegeben hat.

70 Vgl. o. Fn 52.

10. Herausforderung für Recht und Rechtswissenschaft

Soweit Recht auf Innovationen einwirkt, ist zu berücksichtigen, dass innovationsorientiertes Verhalten bekanntlich verschiedene Stadien im Umgang mit Problemen betreffen kann: Von der bloßen Entdeckung und Erfindung von etwas Neuem – der Invention – über deren Nutzbarmachung für praktische Anwendung – erst hier spricht man von Innovation – bis zu ihrer Verbreitung, der Diffusion. Den rechtlich geprägten Möglichkeitsraum eröffnen – wie erwähnt – insbesondere Grundrechte, allerdings weniger in ihrer traditionellen Gestalt als Abwehrrechte des auf individuelle Entfaltung ausgerichteten Individuums gegen den eingreifenden Staat. Unter heutigen Bedingungen vielfältig verzahnter Interessen und hoher Risiken von Unfreiheit und Ungleichheit sind grundrechtliche Freiheiten nicht nur gegenüber dem Staat wichtig, sondern auch und zunehmend im Verhältnis unterschiedlicher privater Akteure mit- und gegeneinander – wie es im Lüth-Urteil[71] eindrucksvoll betont worden ist. Auch der Schutz sonst zu kurz kommender Interessen ermöglicht Verhaltensfreiheit, und zwar die Verhaltensfreiheit der sonst Schutzlosen. Grundrechtliche Entfaltungsfreiheit ist ja kein Vorrecht von Innovateuren.

Grundrechtliche Entfaltungsfreiheiten vermitteln allerdings eine Art Verteilungsregel: So fordert die Rechtsordnung als Freiheitsordnung grundsätzlich keine Rechtfertigung für die Einführung eines neuen technologischen Paradigmas, eines neuen Produkts oder Verfahrens oder einer neuen Nutzung, wohl aber eine Rechtfertigung für deren Beschränkung. Mögliche Beschränkungen können ihrerseits ambivalent sein, wie auch der Verzicht auf Beschränkungen selbst zu Beeinträchtigungen führen kann. So können öffentliche Interessen leiden, wenn die Verwirklichung von Risiken geduldet wird. Andererseits leidet der Schutz von Interessen, wenn die Nutzung von Chancen vereitelt wird, die mit einer neuen Innovation verbunden sind. Insofern fordert das Recht häufig Abwägungen zwischen Nutzen und Risiken. Soweit die Verwirklichung von Chancen – wie regelmäßig – privaten Akteuren überlassen ist, muss im Gewährleistungsstaat nicht nur darauf geachtet werden, dass der Schutz rechtlich erheblicher Interessen gewahrt bleibt, sondern auch, dass Möglichkeitsräume für Innovationen nicht von denen versperrt werden, die Macht darüber haben.

71 BVerfGE 7, 277.

Ein Anwendungsbeispiel ist der Umgang mit Immaterialgüterrechten:[72] Sie dienen einerseits stimulierend dazu, Innovateuren die Amortisation getätigter Investitionen zu ermöglichen; andererseits versperren sie die Zugänglichkeit des durch Innovation ermöglichten Wissens für andere, also auch für darauf aufbauende weitere Innovationen. Diese Doppelgesichtigkeit der Bewirkungsdimension von Recht gibt es auch in anderen Zusammenhängen.

So weit innovationsbezogene Orientierungen im Verfassungsrecht gesucht werden, ist im Übrigen zu berücksichtigen, dass Verfassungsrecht im konkreten Einzelfall meist nicht als solches, sondern nur vermittelt über Fachrecht bedeutsam wird, etwa als konkretisiertes Verwaltungsrecht oder als von der verfassungsrechtlichen Wertordnung mitgeprägtes Zivilrecht. Deswegen muss sich die rechtswissenschaftliche Innovationsforschung grundsätzlich für alle innovationserheblichen Rechtsgebiete und Rechtsfragen offen zeigen, also auch intradisziplinär orientiert sein. Da die konkrete Rechtsnorm soziale Wirklichkeit erst in dem Handlungsrahmen gewinnt, auf den das jeweilige Recht bezogen ist, werden auch solche nicht in Rechtsform ausgestalteten, aber gegebenenfalls rechtlich geprägten Faktoren bedeutsam, die die entsprechenden Regelungsregime kennzeichnen: Gemeint ist das Ensemble von formellen und informellen Verfahren und Organisationen, darauf bezogenen Arrangements, auch die verfügbaren Koordinationsmodi wie Hierarchie, Verhandlung, Wettbewerb/Markt, Netzwerk, in denen je unterschiedliche Prinzipien, Konzepte und Regeln handlungsleitend werden können. Um derartige Faktoren angemessen zu erfassen, reicht häufig das traditionelle rechtliche oder rechtswissenschaftliche Instrumentarium nicht; insbesondere die tradierten sogenannten Methoden der Rechtswissenschaft[73] greifen zu kurz. Sie sind – wie erwähnt – weitgehend normtextorientiert und blenden daher viele weitere rechtserhebliche Steuerungsfaktoren aus.[74]

Speziell für das innovationsbezogene Handeln der Verwaltung und die Kooperation von Verwaltungsträgern mit Privaten oder zwischen privat-hybriden Handlungsträgern ist es wichtig, auch weitere Fragerichtungen und Erkenntnisse, etwa die der Verwaltungswissenschaften, heranzuziehen und deren Bezug zu einer sich wieder neu formierenden Staatswissenschaft zu sehen: Der schon erwähnte Wandel von Staatlichkeit hat zu einer Renaissance von Staatswissenschaft geführt, sicherlich nicht in dem von Stein'schen Sinne einer universalhistorisch angelegten und enzyklopädisch das gesamte Feld staatsbezogenen Handels ausleuchtenden, alle

72 Dazu vgl. die Beiträge in *M. Eifert/W. Hoffmann-Riem* (Hrsg.), Geistiges Eigentum und Innovation, 2008.

73 Paradigmatisch weiter *K. Larenz/C. W. Canaris*, Methodenlehre der Rechtswissenschaft, 3. Aufl. 1995. Weiterführend, aber nicht weit genug, *F. Müller/R. Christensen*, Juristische Methodik. Bd. I, Grundlagen für die Arbeitsmethoden der Rechtspraxis, 10. Aufl. 2009.

74 Zum Erfordernis, diese in die Methoden der Rechtswissenschaft zu integrieren, vgl. *W. Hoffmann-Riem*, Methoden (Fn 67), S. 9 ff.

Disziplinen erfassenden „gesamten Staatswissenschaft". Wohl aber in dem Sinne, dass der Wandel von Staatlichkeit und die sich herausbildenden, etwa durch Entgrenzung und durch Vernetzung geprägten, Governance-Strukturen in ihrer Vielfältigkeit in den und jenseits der Nationalstaaten zu erfassen und „Pfade zu beschreiben" sind, auf denen man der Gemeinwohltauglichkeit der neuen Strukturen schrittweise näher kommt.

Da die Ausdifferenzierung und Spezialisierung der Wissenschaften angesichts der Komplexität der Verhältnisse und der Legitimität je spezifischer Blickwinkel unumkehrbar sein dürfte, geht es nicht darum, eine Universalwissenschaft zu etablieren, wohl aber darum, die Vielfalt der Erkenntnisinteressen, Methoden und Anwendungskontexte – kurz: die Pluralisierung von Wissenschaft – als Anregungs- und Kreativitätspool zu nehmen.[75] Das heißt auch, je spezifische disziplinäre Stärken zu bewahren, zugleich aber den wissenschaftlichen Diskurs zwischen den Disziplinen zu ermöglichen, etwa durch Entwicklung kommunikationsgeeigneter Brückenmethoden, Brückentheorien und durch Konkretisierung von Brückendaten. Governance-Forschung baut in diesem Sinne Brücken, deren Nutzung dazu dienen kann, die Stärke des eigenen, je disziplinären Ansatzes durch Einsichten aus anderen disziplinären Feldern auszubauen.

Dies lässt sich auch in dem eingeengten Feld nutzen, dem Innovationsforschung sich zuwendet. Die oben erwähnten disziplinären Ausrichtungen der Innovationsforschung – etwa die wirtschafts-, sozial-, rechts-, technik- oder verwaltungswissenschaftliche Innovationsforschung – sind ungeachtet ihrer je spezifischen disziplinären Erkenntnisinteressen und Vorgehensweisen auf „trans-disziplinäres" Wissen angewiesen. Jede von ihnen ist wichtiges Element einer Art „gesamter Innovationswissenschaft", wie sich daran zeigt, dass und wie sie jeweils auch aus anderen Disziplinen lernen und dabei auch Vergleichbarkeiten entdecken.

Anschlussfähig für die rechtswissenschaftliche Innovationsforschung sind etwa die evolutorische Ökonomik[76] und die Neue Institutionenökonomik,[77] im Hinblick auf technologische Innovationen auch die Technikgeneseforschung[78] und die

75 Zur Diskussion, ob es gleichwohl eine Art Selbststand der Rechtswissenschaft gibt, vgl. die Beiträge in *C. Engel/W. Schön*, Das Proprium der Rechtswissenschaft, 2007.

76 Vgl. etwa *R. R. Nelson/S. G. Winter*, Evolutionary Theory (Fn 40); *G. Erdmann*, Elemente einer evolutorischen Innovationstheorie, 1993; *C. Herrmann-Pillath*, Grundriss der Evolutionsökonomik, 2002.

77 Dazu vgl. etwa *R. Richter/E. Furubotn*, Neue Institutionenökonomik, 3. Aufl. 2003; *M. Erlei/M. Leschke/D. Sauerland*, Neue Institutionenökonomik, 2. Aufl. 2007; *S. Voigt*, Institutionenökonomik, 2009.

78 *M. Dierkes/R. Mayntz* et al., Memorandum zur sozialwissenschaftlichen Technikforschung in der Bundesrepublik Deutschland. Stand, Aufgaben, künftige Forschungen, 1984; *W. Rammert*, Was ist Technikforschung? Entwicklung und Entfaltung eines sozialwissenschaftlichen Forschungsprogramms, in: B. Heintz/B. Nievergelt (Hrsg.), Wissenschafts- und Technikforschung in der Schweiz, 1998, S. 161 ff.

Technologiefolgenabschätzung.[79] Die vom „Vater" eines evolutionär orientierten Zugriffs auf den Prozess von Innovationen, Schumpeter, entwickelten Ansätze sind in Anknüpfung an Untersuchungen insbesondere von Nelson und Winter[80] sowie von Dosi[81] in der neueren Evolutionsökonomie fortentwickelt worden. Dabei nutzen sie Fragestellungen, Erkenntnisinteressen und Herangehensweisen, die sowohl für Governance-Forschung als speziell für rechtswissenschaftliche Innovationsforschung ebenfalls wichtig sind: Es geht um die Erfassung der Akteure und Bestimmungsgründe sowie Wirkungsketten oder -verknüpfungen, die Veränderungen bis hin zum Strukturwandel herbeiführen, wobei nicht nur exogener Anpassungsdruck, sondern auch endogen generierte Veränderungen näher betrachtet werden. Insbesondere für das schon oben beschriebene anreizorientierte Recht bietet die Institutionenökonomik eine Fülle von Anregungen. Auch ist ihre Terminologie für die Rechtswissenschaft anschlussfähig. Gleiches gilt für die ökonomische Analyse des Rechts,[82] insbesondere soweit sie den Brückenschlag zur Institutionenökonomik sucht.

Auch die Technikgeneseforschung als innovationsorientierte Forschung greift auf die evolutorische Ökonomik und die Institutionenökonomik zurück. Sie ist an Vorstellungen über sogenanntes rekursives und responsives Recht[83] gut anschließbar, weil sie von dem Modell der Technikgenese als rekursivem Innovationsprozess ausgeht. Bemühungen um eine integrative Technikfolgenabschätzung[84] sind – wie es für integrative Ansätze typisch ist – um die Einbeziehung vielfältiger Faktoren und komplexer Folgen sowie Wirkungsabläufe bemüht. Derartige integrative Ansätze sind ferner dadurch geprägt, dass sie nicht auf Vollständigkeit der Erfassung sämtlicher Einflussfaktoren ausgerichtet sind, aber darauf zielen, möglichst viele relevante Aspekte trotz unüberwindbarer Unvollständigkeit zu erfassen und dadurch eine größere Annäherung an die Problemlösung zu erreichen als bei einer reduktionistischen Beschränkung auf einzelne Faktoren oder einer Orientierung an einem Rationalitätsziel, das an modellbezogenen Vorstellungen unter Idealbedingungen ausgerichtet ist.

Die praktische Machbarkeit gilt als ein zusätzlicher Richtigkeitsgarant. Dementsprechend können selbst sogenannte *second-best*-Lösungen als normativ angemessen angesehen und dementsprechend angestrebt werden. Im Übrigen gilt es – soweit nicht schon geschehen – Abschied zu nehmen von linearen Kausalitätsmodellen. Innovationsprozesse verlaufen regelhaft in rekursiven Schleifen, und zwar

79 *A. Grunwald*, Technikfolgenabschätzung – eine Einführung, 2002.
80 *Nelson/Winter* (Fn 40).
81 Dosi (Fn 40).
82 *H.-B. Schäfer/C. Ott*, Lehrbuch der ökonomischen Analyse des Zivilrechts, 4. Aufl. 2005.
83 Vgl. *K. Bizer/M. Führ/C. Hüttig* (Hrsg.), Responsive Regulierung – Beiträge zur interdisziplinären Institutionenanalyse und Gesetzesfolgenabschätzung, 2002.
84 Vgl. *A. Grunewald*, Technikfolgenabschätzung (Fn 79).

sowohl hinsichtlich der Wissensproduktion auf der Inventionsebene als auch hinsichtlich der Nutzbarmachung auf der eigentlichen Innovations- und der Diffusionsebene.[85]

Vernetzte Entwicklungen von Konzepten und Theorien, Wissensgenerierung, Pilotanwendungen und Umsetzungen „in der Fläche“ stehen nicht nebeneinander und erfolgen nicht nacheinander, sondern in meist dynamischer Verkoppelung. Die Rolle des Rechts dabei lässt sich im Einzelfall vielfach schwer identifizieren und die Wirkungsabläufe lassen sich häufig nur schwer prognostizieren.[86] Recht muss dementsprechend offen für Überraschungen und möglichst flexibel einsetzbar und lernfähig ausgestaltet sein. Angesichts des ubiquitären Befundes von Nichtwissen und gleichzeitig der großen Bedeutung von Innovationsprozessen für die Lebensfähigkeit einer Gesellschaft muss Recht im Rahmen des Möglichen dazu beitragen, weiteres Lernen über Abläufe und Ergebnisse zu ermöglichen und die Produkte des Lernens folgenreich werden zu lassen.

Möglichkeiten zur Sicherung von Innovationsoffenheit und Innovationsverantwortung lassen sich nicht isoliert dem Recht entnehmen. Sie benötigen auch empirisch tragfähige Einschätzungen über den Einfluss der Rahmenbedingungen auf innovatives Tun und über die Entstehungsabläufe von Inventionen und Innovationen. Gefordert ist ein auf gesellschaftliche Entwicklungen ausgerichtetes Recht, das in der Lage ist, neue Einsichten aufzunehmen und als „lernendes Recht“ in sein Programm zu integrieren. Wichtig ist weiter die Vorsorge für das Lernen der Akteure[87] und für die Schaffung von Rückholoptionen bei der Verwirklichung nicht tragfähiger Risiken. Evaluationsauflagen, Berichtspflichten, Transparenzvorkehrungen, Pflichten zur Alternativensuche und Revisionsvorbehalte sind Versuche, Innovationsoffenheit an Innovationsverantwortung zurückzukoppeln. Ein Testfeld für solche Ansätze ist beispielsweise die neuartige Chemikalienregelung REACh.[88]

Im Risikobereich muss Recht Vorkehrungen für eine anwendungsbegleitende Risikoerfassung schaffen, Risikomanagementsysteme einrichten oder die Gene-

85 Dazu vgl. *M. Leder*, Innovationsmanagement. Ein Überblick, in: H. Albach (Hrsg.), Innovationsmanagement. Theorie und Praxis im Kulturvergleich, Zeitschrift für Betriebswirtschaft, Ergänzungsheft 1/1989, S. 1, 6 f.; *U. Witt*, Individualistische Grundlagen der evolutorischen Ökonomik, 1987, S. 18. S. auch *U. Felt/H. Nowotny/K. Taschner*, Wissenschaftsforschung – eine Einführung, 1995, S. 187 ff.

86 Dazu vgl. *W. Hoffmann-Riem*, Rückblick auf das Projekt „Recht und Innovation“, in: M. Eifert/W. Hoffmann-Riem, Innovation, Recht und öffentliche Kommunikation (i. E.).

87 Dazu vgl. *M. Eifert*, Regulierte Selbstregulierung und die lernende Verwaltung, Die Verwaltung, Beiheft 4, 2001, S. 139 ff.

88 *M. Führ/K. Bizer*, Zuordnung der Innovations-Verantwortlichkeiten im Risikoverwaltungsrecht – Das Beispiel der REACh-Verordnung, in: Eifert/Hoffmann-Riem (Hrsg.), Innovationsverantwortung (Fn 53), S. 304 ff.; *C. Hey/K. Jakob/A. Volkery*, REACH als Beispiel für hybride Formen von Steuerung und Governance, in: G. F. Schuppert/M. Zürn (Hrsg.), Governance (Fn 10), S. 430 ff.

rierung von Wissen durch die Beteiligten stimulieren, etwa über Haftungsregeln und Versicherungsrecht.[89]

Als lernendes Recht steht es aber wiederum vor dem schon erwähnten Dilemma: Neues Wissen eröffnet vielfach den Blick auf ein erweitertes Feld von Nichtwissen. Und dennoch gibt es keine Alternative: Das Wissen um die Relativität von Wissen und die Unendlichkeit des Nichtwissens kann im rechtlichen Bereich nicht als Entschuldigung für Nichthandeln herangezogen werden. Viele Problemlagen vertragen die Vertagung des Problems nicht. Unwissen beseitigt nicht den stets präsenten Entscheidungsdruck, auch nicht den Innovationsbedarf – im Gegenteil.

89 Dazu vgl. A. *Röthel*, Zuweisung von Innovationsverantwortung durch Haftungsregeln, in: Eifert/Hoffmann-Riem (Hrsg.), Innovationsverantwortung (Fn 53), S. 335 ff.; *T. Hoeren*, Haftung im Internet, in: Eifert/Hoffmann-Riem, Innovation, Recht und öffentliche Kommunikation (Fn 86).

11. Schlussbemerkung

Soll eine Verkoppelung von Innovationsoffenheit und Innovationsverantwortung gelingen, bedarf es auch hier der Abkehr von positivistischer Sichtverkürzung und segmenthafter Problemreduktion. Der gesellschaftliche Wandel und der Wandel von Staatlichkeit sind komplex. Diese Komplexität analytisch und normativ in den Blick zu nehmen, ist Aufgabe auch einer modernen Rechtswissenschaft. Dabei kann sie wichtige Anregungen aufnehmen, wenn sie Anschluss an die sonstige Innovationsforschung hält und diese zugleich mit der Governance-Forschung zu kompatibilisieren sucht. Die Problemlösungskapazität des Rechts und die Analysefähigkeit der Rechtswissenschaft können durch eine solche Öffnung des Blicks gewinnen – wie auch Sozialwissenschaftler, unter ihnen auch die Governance-Forscher, gut beraten sind, die steuernde Kraft des Rechts nicht zu unterschätzen. Das alles aber kann ein Einzelner heute nicht mehr leisten. Trans- und interdisziplinäre Kooperationen sind unverzichtbar – aber, wie die Erfahrungen der vergangenen Jahrzehnte zeigen, keineswegs einfach. Deshalb ist erstrebenswert, dass Governance-Forschung sich auch solchen Prozessen im innerwissenschaftlichen Bereich annimmt und dass es insbesondere soziale Orte gibt, in denen die Kooperation erfolgen kann.

Zeitfracht Medien GmbH
Ferdinand-Jühlke-Straße 7
99095 Erfurt, Deutschland
produktsicherheit@kolibri360.de